二外　高自考　成人教育用书

中级日语教与学

总主编： 赵华敏（北京大学）

主　编： 孙建军（北京大学）

主　审： 大野　纯子（日本大正大学）

编　者： （以姓氏汉语拼音为序）

　　　　大野　纯子　　李　凝　　李旖旎

　　　　潘　钊　　　　孙建军　　赵华敏

图书在版编目（CIP）数据

中级日语教与学 / 赵华敏总主编．—北京：北京大学出版社，2009.7
（二外高自考丛书）
ISBN 978-7-301-12692-9

Ⅰ．中… Ⅱ．赵… Ⅲ．日语—高等教育—自学考试—教学参考资料 Ⅳ．H36

中国版本图书馆CIP数据核字（2007）第134838号

书　　　　名：	中级日语教与学
著作责任者：	赵华敏　总主编
责任编辑：	兰　婷
标准书号：	ISBN 978-7-301-12692-9/H·1824
出版发行：	北京大学出版社
地　　　址：	北京市海淀区成府路205号　100871
网　　　址：	http://www.pup.cn
电　　　话：	邮购部 62752015　发行部 62750672　编辑部 62767347　出版部 62754962
电子邮箱：	zpup@pup.pku.edu.cn
印　刷　者：	北京大学印刷厂
经　销　者：	新华书店
	787毫米×1092毫米　16开本　11.5印张　290千字
	2009年7月第1版　2009年7月第1次印刷
定　　　价：	23.00元

未经许可，不得以任何方式复制或抄袭本书之部分或全部内容。
版权所有，侵权必究　举报电话：010-62752024
　　　　　　　　　　　　　电子邮箱：fd@pup.pku.edu.cn

前　言

　　为了帮助教师和学习者更好地理解和使用《中级日语》第一、二册，我们编写了《中级日语 教与学》一书。

　　本书的主要特点是与《中级日语》（一、二册）紧密配合，对每课课文的重点进行了归纳，设置了**"本课重点"**、**"知识链接"**、**"中国人的学习难点"**、**"参考译文和练习答案"**栏目。旨在帮助学习者更深刻地理解和掌握课文里的语法现象及词汇；扩大使用者知识面的同时，介绍更多的日本文化知识，以加深使用者对课文意义的进一步理解。教师可根据教授对象，选择不同的栏目，丰富教学内容，活跃课堂气氛；学习者可以选择自己喜欢的栏目，进一步增进对日语和日本文化的了解，辅助自己学好《中级日语》（一、二册）。书后附有"综合练习"，旨在帮助学习者适应"大学日语四级考试"的新的题型形式，为考级做好准备。

　　《中级日语 教与学》的具体分工如下：

　　赵华敏教授为总主编，负责总体设计、全书审稿、统稿、定稿、部分内容的执笔；大野纯子先生为主审、部分内容的执笔；孙建军副教授负责确定各课讲解项目及第1—10课讲解内容的执笔；李凝负责第11—15课讲解内容的执笔和第二册课文的翻译；李旖旎负责第16—20课讲解内容的执笔；潘钊负责第一册课文的翻译。天津商业学院章莉副教授提供了《中级日语》一、二册中的练习答案，在此表示感谢。

　　由于时间仓促，水平有限，书中有诸多不尽人意之处。希望各位同仁和学习者批评指正。

编　者
2009年5月

使用说明

　　《中级日语 教与学》是按照自然课的分法对课文进行的补充说明。内容包括："本课重点"、"知识链接"、"中国人的学习难点"、"参考译文和练习答案"、"综合练习及答案"。

　　"本课重点"分为：コミュニケーション表現（交际用语）、文法（语法）、文型（句型）、言葉の使い方（词的用法）、解釈（解释），是对该课的要点进行的归纳总结，以便学习者对该课的学习内容有全面的印象和提供查找线索。

　　"知识链接"包含："补充讲解"、"词汇趣谈"、"文化趣话"。

　　"补充讲解"对词法和句法进行适当的扩展讲解和举例说明，同时适当加进了"考考自己"，对所涉及的重点词法和句法及时进行测试，并附有答案。

　　"词汇趣谈"对一些容易混淆的词、近义词和反义词进行比较分析，帮助学习者增强对词汇的理解及运用能力。

　　"文化趣话"介绍日本文化的诸多现象，力求帮助学习者透过语言现象了解日本社会、文化和日本人。

　　"中国人的学习难点"根据编写者多年的教学经验，指出中国人在学习日语过程中容易出现的问题，并对此进行了讲解。

　　"参考译文和练习答案"是《中级日语》（一、二册）的课文译文和部分练习的答案。

　　"综合练习"一方面是对《中级日语》（一、二册）学习内容掌握情况的检验，另一方面也是为大学日语四级考试做准备。

目 录

第1课　富士山 ·· 1
　本课重点 ·· 1
　一、知识链接 ·· 2
　二、中国人的学习难点 ·· 5
　三、参考译文和练习答案 ······································ 5

第2课　大人の日本語 ·· 8
　本课重点 ·· 8
　一、知识链接 ·· 9
　二、中国人的学习难点 ······································· 11
　三、参考译文和练习答案 ····································· 12

第3课　福　祉 ··· 15
　本课重点 ··· 15
　一、知识链接 ··· 16
　二、中国人的学习难点 ······································· 19
　三、参考译文和练习答案 ····································· 19

第4课　中国文化 ··· 22
　本课重点 ··· 22
　一、知识链接 ··· 23
　二、中国人的学习难点 ······································· 27
　三、参考译文和练习答案 ····································· 28

第5课　医　療 ··· 31
　本课重点 ··· 31

一、知识链接 ·· 32
　　二、中国人的学习难点 ·· 34
　　三、参考译文和练习答案 ······································ 35

第6课　国民性 ·· 38
　　本课重点 ·· 38
　　一、知识链接 ·· 39
　　二、中国人的学习难点 ·· 41
　　三、参考译文和练习答案 ······································ 42

第7课　都の人 ·· 45
　　本课重点 ·· 45
　　一、知识链接 ·· 46
　　二、中国人的学习难点 ·· 48
　　三、参考译文和练习答案 ······································ 49

第8课　メイド・イン・ジャパン ······························ 52
　　本课重点 ·· 52
　　一、知识链接 ·· 53
　　二、中国人的学习难点 ·· 57
　　三、参考译文和练习答案 ······································ 58

第9课　企業研究 ·· 61
　　本课重点 ·· 61
　　一、知识链接 ·· 62
　　二、中国人的学习难点 ·· 64
　　三、参考译文和练习答案 ······································ 66

第10课　異文化 ·· 69
　　本课重点 ·· 69
　　一、知识链接 ·· 70
　　二、中国人的学习难点 ·· 73
　　三、参考译文和练习答案 ······································ 73

第11課　笑って門を入った私 ……………………… 77
  本课重点 ……………………………………………… 77
  一、知识链接 ………………………………………… 78
  二、中国人的学习难点 ……………………………… 80
  三、参考译文和练习答案 …………………………… 82

第12課　子どもとしつけ ………………………… 85
  本课重点 ……………………………………………… 85
  一、知识链接 ………………………………………… 86
  二、中国人的学习难点 ……………………………… 88
  三、参考译文和练习答案 …………………………… 89

第13課　一衣帯水 ………………………………… 92
  本课重点 ……………………………………………… 92
  一、知识链接 ………………………………………… 93
  二、中国人的学习难点 ……………………………… 95
  三、参考译文和练习答案 …………………………… 97

第14課　鶏口となるも牛後となるなかれ ……… 100
  本课重点 ……………………………………………… 100
  一、知识链接 ………………………………………… 101
  二、中国人的学习难点 ……………………………… 104
  三、参考译文和练习答案 …………………………… 104

第15課　コミュニケーション …………………… 108
  本课重点 ……………………………………………… 108
  一、知识链接 ………………………………………… 109
  二、中国人的学习难点 ……………………………… 112
  三、参考译文和练习答案 …………………………… 114

第16課　ポップカルチャー ……………………… 117
  本课重点 ……………………………………………… 117
  一、知识链接 ………………………………………… 118

二、中国人的学习难点 ································· 121
　　三、参考译文和练习答案 ····························· 122

第17課　観光産業 ··· 125
　　本课重点 ··· 125
　　一、知识链接 ··· 126
　　二、中国人的学习难点 ································· 129
　　三、参考译文和练习答案 ····························· 130

第18課　会社と社会 ····································· 133
　　本课重点 ··· 133
　　一、知识链接 ··· 134
　　二、中国人的学习难点 ································· 136
　　三、参考译文和练习答案 ····························· 138

第19課　言葉を探して ································· 141
　　本课重点 ··· 141
　　一、知识链接 ··· 142
　　二、中国人的学习难点 ································· 144
　　三、参考译文和练习答案 ····························· 146

第20課　つながる力 ····································· 149
　　本课重点 ··· 149
　　一、知识链接 ··· 150
　　二、中国人的学习难点 ································· 152
　　三、参考译文和练习答案 ····························· 153

総合練習 ··· 157

主な参考書 ··· 171

第1課
富士山

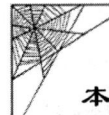

本课重点：

一、コミュニケーション表現

1. その理由は日本一の高さももちろんですが，やはり，その雄大な美しさにあります。
2. ほら，向こうに富士山が見えてきた！
   ——ああっ，本当だ。
3. きれいねえ。
4. 二人のおかげで来られてうれしいです。
5. 美人と同じよ。何もしないで遠くから見ているのが一番いいかもよ。

二、文法

1. 助词的重叠形式　だけでも
2. 副助词　くらい
3. 前缀　何
4. 提示助词　も③
5. 终助词的重叠形式　しね

三、文型

1. ～たとたん，～
2. ～はもちろん，～
3. どうにかして，～
4. ～を～ように感じる
5. ～から言えば，～
6. ～ば～ほど，～

四、言葉の使い方

1. 多く
2. 遠く
3. ていねい
4. わざと
5. わざわざ

五、解釈

富士山にみななろう

一、知识链接

1. 补充讲解

（1）复句

本课中出现了一些复句，句子本身较长，需要注意分析这些句子的结构。首先必须找到其主句部分，然后再分析分句。例如：课文第一段中有"多くの日本人が高さを正確に言えるのは「富士山にみななろう」と覚える方法があるからです。"这里，"多くの日本人が高さを正確に言える"和"「富士山にみななろう」と覚える方法がある"分别是一个完整的句子，它们又分别作了"〜のは〜からです"句式的主谓语。"多くの日本人が高さを正確に言える"＋"のは"作整个句子的主语，"「富士山にみななろう」と覚える方法がある"＋"からです"构成"〜のは〜からです"的谓语。再比如："冬のよく晴れた日，東京からでも，高い所を走る電車の中から富士山が見えることがあります。"该句中的"富士山が見える"中的"が"与"ことがあります"中的"が"都表示的是主语，"ことがあります"中的"が"所表示的主语是"高い所を走る電車の中から富士山が見えること"这个句子。

例：① 飛行機が空を飛んでいくのを見た。/看到飞机飞过上空。
② 彼が急に酒をやめたのは，医者にとめられたからです。/他突然戒了酒，是因为因为医生不让他再饮酒。

> **考考自己：分析下列句子，并翻译成汉语。**
> ① 梅雨になると，雨が続くことが多い。
> ② 生魚を食べなかったのは，親に食べてはいけないと言われたからだ。

（2）"何もしないで遠くから見ているのが一番いいかもよ"中的"〜ている"

该句可译为"也许什么都不做，远远看着为妙"。日语中经常使用"〜ている"的形式来表示某种常态（说话时的状态），这种情况一般不使用动词原形。此用法比较特殊，希望引起学习者的注意，并注意汉语的译法。以下例举几个类似的

例：① 梅雨になると、雨が続くことが多い。/一到梅雨季节，连日下雨的日子很多。
　　　　　主语　　　　　　主语
② 生魚を食べなかったのは、親に食べてはいけないと言われたからだ。/没吃生鱼是因为父母告诫过不能吃。
　　　　　主语　　　　　　　　　　谓语

用法。

　　例：① 生きているのがつらい。／活着好累。

　　　　② 太っているのが悩みだ。／肥胖是我的烦恼。

　　　　③ 一人で静かに考えているのが好きだ。／喜欢独自静静地思考。

　　　　④ 一方的に思っているのが嫌で告白した。／我讨厌一直单相思就向对方表白了爱意。

　　　　⑤ そういう考えを持っているのが恥ずかしい。／有那种想法实在可耻。

　　　　⑥ ピサの斜塔は建っているのが不思議だ。／比萨斜塔能矗立在那里实在不可思议。

（3）"わざわざ"与"わざと"

　　"わざわざ"和"わざと"同为副词，形式类似，所以容易混淆。"わざわざ"为"特意"之意，用于表示为某一目的，特意做某事，用于褒义；而"わざと"为"故意"之意，用于故意做对他人有害的事情，用于贬义。

　　例：① 彼女はわざわざ私の家に寄って，本場の中国料理を届けてくれた。／她特意到我家，送来了真正的中国饭菜。

　　　　② スリはわざと人にぶつかって，財布をとった。／小偷故意撞人，偷走了钱包。

　　　　③ 私はわざと彼にそのことを教えてあげなかった。／我故意没有告诉他那件事情。

> **考考自己**：在（　）内填入"わざわざ"或"わざと"，完成下列句子。
> ① （　　）忘れ物を届けてくれて，ありがとうございました。
> ② 通訳を頼まれるのが嫌なので，（　　）日本語ができないふりをした。
> ③ （　　）そんなになさらなくてもいいのに。
> ④ 時計を（　　）遅らせて，行くのをやめた。

2. 词汇趣谈

（1）"勘"

　　"勘"（ちょっかん）的词义为"直感、第六感（だいろっかん）"；可以组成很多词组。如："～がいい／直觉好"、"さっと～が働く／灵机一动"、"～に頼る／依赖直觉"、"～の鋭い人／有灵性的人"、"～の鈍い人／悟性慢的人"。课文中的"勘違い"可以解释为"勘が違う"，也就是直觉错误，表示"错认"、"误会"之意。

答案：① わざわざ　② わざと　③ わざわざ　④ わざと

（2）"美人"

"美人"一词在日语中较为常用。日本人对美貌的要求似乎比中国人低，因此，经常会听到"あの方は美人ですね"的赞美之词，而在场的中国人也许并无同感。也可以把它视为一种寒暄，并不是百分之百地用于评价一个人的美貌。在日本画和浮世绘中有一种叫做"美人画（びじんが）"的绘画体裁，突出女性美。日语中还有"美人（びじん）薄命（はくめい）"的说法，意为"红颜薄命"。

3. 文化趣谈

富士山与日本人的生活

富士山是日本人心目中的名山。富士山横跨静冈县（静岡県 しずおかけん）和山梨县（山梨県 やまなしけん）。两县的很多地名中都带有"富士"，静冈县有富士郡、富士市、富士宫市，山梨县有富士吉田市、富士河口町等。在关东地区（関東地方 かんとうちほう）和东海地区（東海地方 とうかいちほう），很多地方肉眼就能够看到富士山，因此叫做"富士見（ふじみ）"的地名非常多。远离富士山有120公里左右的东京都中心地区还有好几处"富士見坂（ふじみざか）"，从前，站在这些坡道上就能远望富士山。不过，由于城市开发以及高层建筑拔地而起，很多地方已仅存虚名。

出于对富士山的崇拜，在日本各地还有很多被称为"郷土富士（きょうどふじ）"的大小山落。人们把那些形状酷似富士山、与富士山有些许关系、或者当地具有代表性的山取名为"某某富士"。其中有些只是为了图个吉利。如："蝦夷富士（えぞふじ）（北海道 羊蹄山）"、"榛名富士（はるな）（群马县 高崎市）"、"薩摩富士（さつま）（鹿儿岛县 开闻岳）"等等。据统计，这样的"富士"遍布日本北海道、本州、四国、九州，共有314座。甚至移民到海外的日本人也给当地的山取上带有"富士"的名字。

另外，日本的各行各业几乎都有含有"富士"的公司名称。有些公司的产品享誉世界。如电脑品牌"富士通（ふじつう）"、重工品牌"富士重工（ふじじゅうこう）"、胶卷"富士（ふじ）フイルム"等等。

二、中国人的学习难点
可能动词

日语中的可能动词有"見える"、"聞こえる"、"分かる"、"できる"等。这些动词本身具有可能或自发的意义。前两者表示现场的事物或声音自然而然地进入人的视野或耳朵里,与行为主体的能力无关(见《初级日语教与学》143页)。"分かる"则指理解或把握某事的内容。这些动词都不能表示意志,因此不能接"たい",也不能说"分かることができます"或"分かれます"。前接助词均使用"が"。

比如:要表达"想听懂法语",不能说"フランス語が分かりたい",而应该说"フランス語が分かるようになりたい",或者说"フランス語が分かるといいな/能听懂法语就好了"等。

再比如:因为近视而看不清楚远处的景色,但是说话人特别希望能够看清楚。此时不能说"はっきり見えたい",而应该说"はっきり見えるといいな/能看清楚就好了",或者说"はっきり見えたらいいのに/要是能看清楚该多好呀!可是……"等。

> **考考自己:请将下列句子翻译成日语。**
> ① 他来不来,明天就知道了。
> ② 要是耳朵还能听得见就好了。
> ③ 虽然眼睛看不见,他心里什么都明白着呢。
> ④ 我听得懂日语,但不会说。

三、参考译文和练习答案
1. 参考译文

第1课 富士山

课文 仰慕已久的人,"富士"先生

在日本,最高的山是富士山,高度是3776米。大多日本人能够正确说出这个高度是因为有,把富士山的高度比作"大家都做富士山"(数字3776的谐音)这个记忆方

答案:① 彼が来るかどうか、明日になれば分かる。
② 耳がまだ聞こえたらいいのに。
③ 彼は目が見えなくても、心の中では何でも分かっている。
④ 日本語を聞き取れるが、話すのは苦手だ。

法。

　　在晴朗的冬日，即使在东京，从疾驰在高处的电车中，也可以看到富士山。在早晨拥挤的电车中，高中生会向朋友高叫："啊，富士山"。听到声音，那位朋友就不用说了，其他人哪怕是只能转转头，也要看一眼富士山。

　　为什么富士山会这么牵动人心呢？它是日本的第一高是不言而喻的，最主要的还是因为它的雄伟壮丽。因为富士山的附近没有其他的高山，（所以）从很远处就可以看到它。山巅有着积雪的富士山是崇高的，自古以来人们一直把富士山奉若神明。

　　有个中国人曾经这样说过，"日本人真有礼貌。山（的后面还要）加个'先生'，特意称其为'富士先生'"。这种说法当然是那个人的一种误解，但是，从日本人的情感来讲，富士山就是可以被称为"富士先生"这样的很特别的山。

会话　从富士山看不到富士山

　　张静、王大波坐着朋友清水大树的车前往富士山。

张　　静：喂！前面能看到富士山了。

王大波：啊，真的。

张　　静：真漂亮啊。

王大波：托二位的福，能来这里我太高兴了。不过，清水都来过好几次了，可能已经厌倦了吧。

清　　水：哪里，富士山嘛，看多少次都不会烦。

张　　静：没错，富士山是越看越觉得感动。

张大波：嗯，是呀。清水，到环山游览汽车路还有几分钟？

清　　水：还有30分钟左右吧。那里有拍照片的好景儿呢！

张　　静：不过，富士山呀，实际去爬，就没有那么漂亮了。

张大波：为什么？

张　　静：因为富士山是火山，到现在都没有什么绿色。

清　　水：没错。而且，从富士山也看不到富士山。

张　　静：和美人一样，也许什么也不做，从远处观望最好。

张大波：啊，你说的，是什么意思？

2. 练习答案

二、1．遠くから見ているのがいいかもしれないね
　　2．それはどういうこと

三、1．富士山　2．雄大　3．火山　4．載　5．習慣

四、1．かみさま　2．めだ　3．せいかく
　　4．かんちが　5．ちょうじょう

五、1．で，を　2．ば，ほど　3．は，も
　　4．が，かが　5．を，を

六、1．涙が出るくらい感動した
　　2．食べ物がおいしくなります
　　3．わざわざ来てくださってありがとうございます
　　4．大人もよく見ます
　　5．いい仕事が見つかりました

七、1．山の深いところに行けば行くほど静かだ。
　　2．涙が出るくらいうれしかった。
　　3．レポートを明日までにどうにかして出さなくてはなりません。

八、1．b　2．d　3．c　4．b
　　5．a　6．b　7．c　8．d

九、1．その建物はこの近くで一番高いので，目だっています。
　　2．私の日本語は，兄くらいにできるようになったらいいなと思います。
　　3．人間は本性から言えば，子どもが好きでない人はいないでしょう。
　　4．友達のおかげで，こんなに美しいところを見ることができました。
　　5．日本語は，勉強すればするほど面白いです。

十、1．3,776メートルです。
　　2．「富士山にみななろう」と覚える方法があるからです。
　　3．山にも「さん」をつけて，わざわざ「富士さん」と呼ぶからです。

第2課
大人の日本語

本课重点：

一、コミュニケーション表現

1. 私もよく分かりませんが，……
2. タバコはご遠慮ください。
3. タバコが吸える場所にご案内します。
4. ぼくは反対だ。
5. そうはいきません。
6. おっしゃることはよくわかりますが，私はちょっと違う考えを持っています。
7. 斉藤君，明日6時に空港に行ってほしいんだけど，どうかな。
8. お話し中，失礼します。
9. 王課長，本社の森課長からお電話です。
10. たいしたものだよ。——いいえ，まだまだなんです
11. いいことだよ。——ありがとうございます。
12. あのう，斉藤さん，ちょっと教えていただけますか。
    ——うん，何？
13. ご注意ください。
14. オレ，かっこ悪いなあ……

二、文法

1. 格助詞　から②
2. 后缀　（1）君　（2）方
3. 接续助词　けど

4．こそあど系列词汇⑧　こんなふうに　そんなふうに
　　　　　　　　　　　　あんなふうに　どんなふうに

三、文型

1．〜にもかかわらず，〜
2．お（ご）〜ください
3．〜一方だ
4．〜てほしい

四、言葉の使い方

1．ちゃんと
2．かなり
3．ちょっと
4．できるだけ

五、解釈

"ご注意してください"和"ご注意ください"

一、知识链接

1. 补充讲解

（1）对年龄、地位较高的人说明情况或进言时避免使用断定的说法

"ここはたばこ禁止のようですよ"这句话是在已经明了的事情"ここはたばこ禁止"这种说法后面又加上"ようだ"。为什么要这样，课文中已经做出了回答。在日语中，对年龄、地位较高者或客人说明情况时，一般句尾不采用断定的形式，尤其应避免使用「んですよ」这种表示说明的表达方式。同样，日本人在进言的时候，对长辈或上司不能用"〜ほうがいい/最好"或"〜たらいい"，最好用"〜たらいかがでしょうか"等建议性的表达方式，让对方自己来判断可行与否。略微改变一下表达方式，语感就会大为不同。

例：① 課長，明日は休日のようですが……/科长，明天是休息日……
② 中国ではお茶の種類が大変多く，それによって入れ方もいろいろ違うようでして……/中国有很多种茶，根据不同的种类，沏茶的方式也有所不同……
③ お客様，外は雨のようですが，タクシーをお呼びしましょうか。/对不起，外面在下雨，帮您叫辆出租车吧。

④ せっかく日本にいらっしゃったんですから，和食でおもてなししたらいかがでしょうか。/难得来日本一次，还是用日本料理招待为好吧。（此句表示下属向上级建议用日本饭菜招待客人）

以上画线部分都是为了避免直接地断定而加上去的说法。如果不加，句子的意义不变，但语气显得生硬，得不到很好的交际效果。

（2）大人になるとそうはいきませんよ。

"いきません"的原形是"行く"。"行く"与汉语的"行"一样，意义非常多。在这里"そう"是指代不能简单地说"ぼくは反対だ"这句话，因此不能省略。"そう＋（は）＋いきません"放在一起，表示"那样是行不通的"。"は"起强调作用，"いきません"一般不写成"行きません"。这句话非常方便，"いきません"前面还可以加上副词，起加强语气的作用。

例：① 自動車を減らせば交通事情がよくなると思うだろうが，現実にはそうはいかない。/你可能认为如果减少汽车交通状况就会好转，但是现实上行不通。

② 忙しくしていればあの嫌なことを忘れると思っていたが，そううまくはいかなかった。/我以为只要让自己忙起来就会忘掉那件讨厌的事情，实际上并非那么容易。

③ 子供はすぐに仲直りできるが，大人になるとそう簡単にはいかない。/小孩子能够马上和好，大人就不那么简单了。

2. 词汇趣谈

头衔的日中对照

课文中出现的"課長"相当于中国的"科长"。日语中，一些头衔所使用的汉字与中文一样，因此容易造成误会。比如：日语中的"主任（しゅにん）"指某项任务的主管人员，相当于汉语的"项目经理"，在日本的官厅或公司中并非很高的职务，其权限远不如汉语中的"主任"。而日语中的"経理（けいり）"指跟会计相关的事务，往往并不指人。

以下是相应头衔的日中对照：

係長（かかりちょう）	→ 股长
課長（かちょう）	→ 科长
部長（ぶちょう）	→ 处长
局長（きょくちょう）	→ 局长
社長（しゃちょう）	→ 社长、总经理
取締役（とりしまりやく）	→ 董事

3. 文化趣谈

> "音姫(おとひめ)"
>
> 在日本的城市及其周边地区，冲水式洗手间十分普及。许多地方的洗手间入口处都写着"化粧室(けしょうしつ)"，室内干净整洁，设备齐全。为了给使用者提供方便，有的车站或商场的洗手间内还设有自动售货机，销售手纸及其他用品。
>
> 在日本的一些公寓内，设有公共卫生间，由于是大家公用，所以在使用时需要注意，以免给他人带来不便。例如：只能使用手纸，使用之后一定要及时冲洗等等。
>
> 近年来，日本的一些"化粧室"内出现了一种电子拟声装置，叫做"音姫"。据说，日本的年轻女性特别介意自己如厕的声音被别人听见，所以就不停地按下冲水按钮，试图用水流的声音盖住自己的声音，结果造成了水资源的浪费。为了解决这一问题，日本著名的卫浴设备生产商TOTO公司发明了"音姫"这种设备。只要按下按钮，无需放水就会发出固定时间长度的水流声。如今，日本许多地方的洗手间都安装了"音姫"，它已经成为日本洗手间的一个特色。
>
> "音姫"的发音是"おとひめ"，与日语中的"乙姫"（年轻的公主）谐音。而"乙姫"也是日本著名的民间故事"浦岛太郎"中的龙宫仙女的称呼。从这种装置的起名也不难看出日本企业的经营之道。

二、中国人的学习难点

美化语

"お茶"、"お顔"、"ご飯"等词，是为美化某事物而在该事物前加上前缀"お"或"ご"构成的词汇，在日语中称为"美化語/美化语(びかご)"，这是日语词汇的重要特征之一。有关美化语的相关内容此前已经有所介绍（参考《初级日语教与学》61页）。一般情况下，"お＋和语"、"ご＋漢语"，但是也有一些例外，如："お時間"、"お天気"、"お料理"、"お食事"、"お菓子"、"お電

話"等，由于这些词与日本人的日常生活息息相关，可以理解为日本人已经将这些汉语词汇"和语"化了。

有些美化语适于女性使用，如："お米"、"お昼"、"お台所"、"お洗濯"、"お茶わん"等。男性则可用可不用。

一般情况下，以下场合不进行"美化"：较长的单词、外来语、以"お"打头的单词、动植物的名称（蔬菜、水果除外）。

美化语是日语敬语的一个组成部分，还希望日语学习者注意观察、使用。

三、参考译文和练习答案
1. 参考译文

第2课　成年人的日语
课文　变长的日语

在不能吸烟的场所，如果朋友要吸烟，（直接）说"这里不行"就可以了，但如果是面对公司的上司，该怎么办才好呢？很多人会说"这里好像禁止吸烟"。尽管明明知道，为什么又要加上表示推测的"好像（ようだ）"呢？这是试图通过"我也不太清楚，不过……"这种语气，不让对方感到没有面子。

在面对顾客的时候，有时很难说出"请不要吸烟"。那种场合，可以说"我带您去吸烟区"。这么一说，对方自然就能明白"这里禁止吸烟"（的意思了）。

在反对对方意见的时候，假设是孩子，简单地说"我反对"就可以了。但大人是行不通的。这种场合，首先使用"是啊"，听起来（语气）会更柔和。然后，再说"您讲的我明白，但是我有一点儿不同的意见"，来表达自己的想法比较好。就算不只是微小的不同，意见很不一样的时候也可以这么说。正因为如此，日语才变得越来越长。

会话　可以教我一下吗？

在齐藤健的公司，齐藤、王科长，还有办事员高淑梅正在一起工作。
王科长：齐藤，我想请你明天6点去趟机场。怎么样？
齐　藤：好。是韩国的客户吧。因为傍晚车多，我会早一点出发。
王科长：好吧。
高淑梅：（你们）正在谈话，对不起，打扰了。王科长，总公司的森科长来的电话。

王科长：嗯。（拿起电话）久等了，我是老王。
齐　藤：小高，日语越来越好了。真是了不起呀。
高淑梅：哪里，还差得远呢。
齐　藤：（看得出来）你在尽可能多用日语，对吧。（这）是件好事呀！
高淑梅：谢谢。嗯，齐藤先生，你可以教我一下吗？
齐　藤：嗯，什么？
高淑梅："ご注意してください（请当心）"这句日语，对吗？
齐　藤：嗯，完全没有问题啊。
王科长：（打完电话）小高，那不对。"ご注意ください"才是正确的说法。
高淑梅：啊，是这样。谢谢科长。
齐　藤：（自言自语）真丢人，我……

2. 练习答案

二、1．① いいえ，まだまだなんです
　　2．① 申しわけありませんでした
　　　　② お話中，失礼します
　　3．① 教えていただけますか

三、1．反対　　　2．推測　　　3．考
　　4．空港　　　5．気遣

四、1．きんし　　2．ほんしゃ　　3．まちが
　　4．あいて　　5．いいかた

五、1．から　　　2．が，は　　　3．に，を
　　4．を、に/へ　5．けど，は

六、1．がんばった　　　　2．ご遠慮ください
　　3．もう一度説明してほしい　4．手伝ってもらっていい
　　5．一方だ

七、1．最近，目が悪い人が増えているのはなぜでしょうか。
　　2．この映画を見れば，ペットがどんなふうに人間の友だちになっているかがわかる。
　　3．4時に集まるので，遅れないように気をつけてください。

八、1．c　　2．b　　3．a　　4．d
　　5．a　　6．d　　7．b　　8．a

九、1．おっしゃることはよくわかりますけど，私には違うやり方があります。
2．人を困らせないように，できるだけ遅刻しないでください/時間通りに来てください。
3．日本語では，相手の意見に反対するとき，大人なら直接「反対だ」と言わないのはなぜでしょうか。
4．若いにもかかわらず，素晴らしい考えを持っていますね。
5．日本人はこんなふうにお風呂に入るのが好きです。

十、1．「私もよくわかりませんが……」というニュアンスで，相手に恥をかかせないようにという気遣いからです。
2．簡単に「ぼくは反対だ」と言えばいいです。
3．「おっしゃることはよくわかりますが，私はちょっと違う考えを持っています」と言えばよいです。

第3課
福　祉

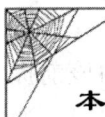

本课重点：

一、コミュニケーション表現

1．いちおうね。
2．古い建物は1人じゃ，ちょっと大変な所もあるけれど。
3．バリアフリーって，いつ頃からあるの。
4．そう考えてくれる人は嬉しいな。

二、文法

1．助动词　である
2．接续词　そこで
3．助词的重叠形式　（1）では ②　（2）にも
4．形式名词　わけ
5．～って ③

三、文型

1．～する代わりに，～
2．どんなに～だろう
3．～（の）ではないだろうか

四、言葉の使い方

1．なかなか
2．できる
3．そっくり
4．何とも
5．とても

一、知识链接

1. 补充讲解

（1）"そこで"与"それで"

"そこで今，注目されているものの1つに，「福祉ロボット」がある"中出现了"そこで"的用法。"そこで"和"それで"都是接续词，表示"因此"的意思。

例：① 求人広告が出ている。そこで私も応募してみた。／有招聘广告，因此我也报名了。

② 李さんはいつも陽気で明るい。それでみんなに好かれている。／小李什么时候都是健康、开朗的，因此得到了大家的喜欢。

但它们暗含的意思不尽相同。"そこで"用于以具体的事情为前提，由该前提自然引出某种状况。因此，句尾多用于叙述已经完了的事情或目前的一种状况。课文中的句子叙述的就是目前的一种状况。

而"それで"则不需要具体的场景设计，前面的句子是原因、理由，后面的句子是结果。

试比较下面的例句：

① 終電車に遅れた。そこで（それで）歩いて帰った。／没有赶上末班车，因此走回家了。

② 古い車がこわれた。そこで（それで）新車を買うことにした。／旧车坏了，所以我决定买新车了。

③ 毎日仕事が忙しい。それで（×そこで）帰りが遅い。／每天工作很忙，所以回去得很晚。

④ 理想が高い。それで（×そこで）いつも現実との差に悩む。／理想很高，因此总是烦恼其与现实之差。

例①②的前一个句子是前提，后一个句子是由此产生的状况，因此，用"そこで"比较自然，同时句尾也用的是过去时。如果把前一个句子看作后一个句子的原因或理由，也可以用"それで"。

但例③④的后一个句子不是前一个句子的必然结果，而是导致后一个句子的直接原因，因此，只能用"それで"。

（2）"～の1つ"的用法

课文中出现在"そこで今，注目されているものの1つに，「福祉ロボット」がある"一句中。接在"名词+の"之后，相当于汉语的"……之一"。

例：① 四川料理は中国の代表的な料理の1つである。／川菜是中国有代表性的菜系之一。

② 日本の食文化の1つに，弁当がある。/便当是日本食文化之一。

如果指人时，则使用"～の1人"。

例：③ あの政治家は首相候補の1人です。/那位政治家是首相候选人之一。

（3）"何ともない"与"何でもない"

两者分别由"何とも/实在是、真的"和"何でも/不管什么、一切"加"ない"而来。"何ともない"表示"没什么"。"何でもない"表示"没关系、算不了什么、没什么了不起的"。一般不会混淆，但后者有时也可以翻译成"没什么"。主要区别除了意义以外，"何ともない"可以与"言う"或"思う"相接，变成"何とも言えない"、"何とも思わない"。而"何でもない"没有这种接法。

例如：

① 今のところ卒業できるかどうかは何とも言えない。/能不能毕业，现在还很难说。

② A：彼のラブレターを読んでどう思う？/看了他的情书，你觉得怎么样？
   B：別に何とも思わない。/没什么感觉。

考考自己： 在下列句子的 _____ 处填入"何ともない"或"何でもない"，并翻译成汉语。

① 歩く時は _____ が，走ると痛くなる。

② 小学校の時，注射が怖い子が多かったけど，僕は _____ 。

③ A：手術が終わったばかりなのに歩ける？痛いでしょ？
   B：ううん，これくらい _____ 。

④ _____ 話なのに，彼は「誰にも言わないでくれ」って言うんだ。

（4）"そう考えてくれる人は嬉しいな。"

教材的解释中对"嬉しい"在该句中的用法做了说明。用法相似的还有"有り難い"等，相当于汉语的"令人……"、"值得……"的意思。

例：① お客様からの嬉しいメールです。/客户发来的令人高兴的邮件。

② この写真を見て大学時代のことを思い出してくれると嬉しい。/看了这张照片，如果你能想起大学生活的话，我就很高兴了。

答案：① 何ともない 走的时候没什么，一跑就疼起来。
② 何ともなかった 上小学的时候，害怕打针的小朋友很多，我却不怕。
③ A：何でもない 没事儿，这点儿算不了什么。
   B：何でもない
④ 何でもない 本来就没什么大不了的事儿，他却说"请谁都不要告诉"。

③ この手紙を中国語に翻訳していただけると有り難い。/如果您能替我把这封信翻译成汉语,那太感谢了。

④ 日曜日も来てくれると有り難い。/要是你星期天也来的话,就太好了。

2. 词汇趣谈

足が不自由な人

"不自由"的意思是"不方便、不自由"。汉语中的"聋子"、"瞎子"等说法在日语中被称为"差別用語(さべつようご)",应当避免使用。此时可以使用"不自由"来表达。例:

体が不自由な人　　　耳が不自由な人　　　目が不自由な人
手足が不自由な人　　口が不自由な人　　　言葉が不自由な人

其中的"が"也可以换成"の",如"体の不自由な人"等。

3. 文化趣谈

青春18旅游车票

"青春18旅游车票"在日语中称"青春18切符(せいしゅんじゅうはちきっぷ)",简称"青春18"。

日本人很喜欢旅行,但是在日本旅行,交通费是一笔不小的支出。不过,利用"青春18"的话就能节省不少旅费。"青春18"是一种由日本铁路公司JR发行的季节性车票,每年的春假、暑假和寒假发售,费用为11,500日元,共由5张票组成,每张票相当于2,300日元。每张票都有一天的有效期,在有效期内,凭此票可以乘坐除新干线和特快以外的所有普通列车,去往日本国内的任何地方。例如,从东京到大阪,如果乘坐新干线,有座号的车票大约需要花费14,000日元,而使用"青春18",只需使用一张票就可以了。使用"青春18"的方法也很灵活,既可以一人使用,也可以多人同时使用。不过中途需要多次倒车,因而乘车时间也相对延长了不少。因为这种车票比较便宜,坐上慢车还可以领略各地的风光,所以很受年轻人的欢迎。

"青春18"并没有年龄限制，一些老年人也热衷于利用"青春18"结伴出行。他们无需受时间的约束，或许还能在旅途中重温青春18的活力。外国游客同样也可以享受这种出行方式。

二、中国人的学习难点

"どんなに～だろう"与"なんと～だろう"的区别

前者表示说话人对眼前不存在的（包括不在场的、尚未实现的、假设的）或需要加以推测、设想或回忆的人和事物的惊叹。相当于汉语的"多么……啊"、"该多么……呀"。后者表示说话人对于眼前实际存在的或确实存在的、不需要加以推测的人或事物的惊叹，相当于汉语的"多么……呀"。

例：① 希望校に合格できたら、どんなにいいだろう。/如果能考上自己期望的学校该多好啊！
② 息子の戦死を知ったら両親はどんなに悲しむことでしょう。/父母要是知道儿子战死的消息该多么悲伤啊！
③ なんときれいな花でしょう。/多么漂亮的花啊。
④ 彼女の気持ちが理解できなかったなんて俺はなんと馬鹿だったんだろう。/没能理解她的心情，我有多么愚蠢呀。

三、参考译文和练习答案

1. 参考译文

第3课　福祉

课文　福祉机器人

在素有"老年人大国"之称的日本，护理问题是非常重要的。于是，现在"福祉机器人"成为大家关注的焦点之一。虽说都叫作"福祉机器人"，但（实际上）有很多种类。比方说，代替老年人、病人的手，让（老年人、病人）吃饭的机器人，已经生产出了相当不错的产品。还有，能让使用人从轮椅移动到床上的机器人。"套装机器人"指的是，人可以"穿的"机器人。腿脚稍不自由的人，只要穿上它，一个人也可以行走。是一种被机器人从后面轻轻支撑着的感觉。

而日本人最期待的是像真人一样的"护理机器人"。用机器人代替真人来进行护

理工作。人们期待着从外观看分不清是真人还是机器人的机器人。

一位女士曾说过："如果能造出和自己喜欢的明星一模一样的护理机器人该多好啊"，但是，那会怎么样呢？24小时，一直与自己崇拜的人在一起不会疲劳吗？而且，因为护理意味着无论是不干净的事情，还是不想让人看到的事情都得让护理人为自己做，在那种情况下，即便机器人什么都不在乎，被照顾的人难道不觉得害臊吗？

会话　无障碍设施

在张静的大学里，使用轮椅的学生有两个人。张静与其中之一的宫田真希正在学生食堂吃午饭。

张　静：宫田，吃完饭后，你去哪儿的教室？（我们）一起去吧！
宫　田：谢谢。不过，5号楼没关系的。即使是使用轮椅，5号楼也很方便出入。
张　静：是呀。大学里的建筑物全都已经变成无障碍设施了吧？
宫　田：基本上吧。（要是）一个人在旧教学楼的话，还是有不方便的地方的。
张　静：无障碍设施真好啊。我想对普通人来说也是很方便的。
宫　田：是的。朋友们也说累了的时候走斜坡要比走楼梯省力呢！
张　静：无障碍设施是从什么时候开始有的？
宫　田：从1994年制定了（相关）法律开始的吧。多亏了无障碍设施，现在美术馆也好，区政府也好，都可以一个人去了！我真的很高兴。
张　静：不管是谁上了年纪，眼睛、腿脚肯定都会变差的，对吧。所以呀，残障的问题，是所有活着的人的共同问题。
宫　田：你能这样想，我真高兴。听说现在研究的不是普通的轮椅，而是机器人轮椅。如果生产了，我想马上去买！
张　静：是吗？如果有了它，就可以行动更自由了！

2．练习答案

二、① いちおうね　　② そう言ってくれる
三、1．福祉　　　　2．期待　　　　3．障害者
　　4．病人　　　　5．恥ずかしい
四、1．けんきゅう　2．じゆう　　　3．くやくしょ
　　4．かいだん　　5．いきる
五、1．が　　　　2．を，も　　　　3．では
　　4．にも　　　5．も

六、1．タクシーに乗った／タクシーで帰った
   2．英語は上手な
   3．かっこ悪い
   4．いいことだろう
   5．いろいろな動物がいる

七、1．世界旅行ができたら，どんなにいいことでしょう。
   2．ロボットが何でもやれるようになっていく。それはすばらしいことなのではないでしょうか。
   3．子どもがする代わりに，大人がなんでもやってあげるのはよくない。

八、1．b　　2．d　　3．a　　4．c
   5．d　　6．d　　7．c　　8．a

九、1．そんな短い時間で50も単語を覚えるのでは，とても簡単なことではありません。
   2．A：君の日本料理はなかなかうまいね。
      B：とんでもありません。そんなふうに褒められると恥ずかしくなります。
   3．同じ値段なら，アジアの国よりヨーロッパに行くほうがいいのではないでしょうか。
   4．日本語で日本人と自由に話ができたら，どんなにいいでしょう。
   5．一番の成績をとった李さんは，日本語を勉強してまだ2年だから，他の人よりずっとがんばったというわけだ。

十、1．老人大国だから。（老人大国で介護問題が重要なので，ロボットに介護をしてほしいから。）
   2．1人で歩くことができる。
   3．きれいではないことも，人には見せたくないこともしてもらうから。

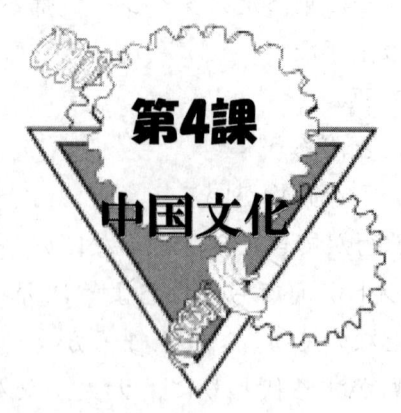

第4課
中国文化

本课重点:

一、コミュニケーション表現
1. ふーん，さすが中国だね。
2. 失礼ですが，何を書いていらっしゃるんですか。
3. それはもったいないですね。
4. 今日はうまく書けたという満足感だけで，いいんじゃないんですか。

二、文法
1. 并列助词　か
2. 构词动词　おわる
3. 补助动词　いらっしゃる

三、文型
1. ～ため（に），～
2. ～た上（で），～
3. 決して～ない
4. さすが～
5. ～とともに，～

四、解釈
1. 招待した客に何を飲んでもらうか，何を食べてもらうかは大変大事だ。
2. 「松コース，10人」

五、言葉の使い方
1. 実は　　2. 確か　　3. する
4. 夢中　　5. ぴったり

第4課　中国文化

一、知识链接

1. 补充讲解

（1）"～た上で"与"～たあとで"

　　两者在汉语里都译成"在……之后"，但是意思并不一样。课文中出现的"～た上で"表示在做出前一事项的基础上，再来做后一事项。而"～たあとで"只表示动作的先后顺序，没有在前项基础上做某事的意思。两者的"で"都可以省略。有些句子既可以用"～た上で"，也可以"～たあとで"，主要取决于说话人更倾向于其中的哪种意思。

　　例：① 彼女から「バリアフリー」という言葉を聞いたあとで，授業でまた同じ言葉を聞いた。/问过她"バリアフリー"这个词后，在课上又问了这个词。

　　　　② 朝食の前ではなく，「食事をしたあとで歯を磨く」という人が増えている。/现在不是在早饭前，而是在饭后刷牙的人多了起来。

　　　　③ 書類をよく読んでいただいた上で，あなたがハンコを押したのですから，これはもう変えられません。/我们是在你认真读过文件后，请你盖的章，所以已经不能变更了。

　　　　④ 大学の説明をよく聞いた上で（あとで），受験する所を決めるつもりだ。/我准备在仔细听过大学的说明之后再决定考哪所大学。

> **考考自己：完成句子。**
> ① 博物館を見た（　　）で，昼ごはんを食べましょう。
> ② よく考えた（　　）で，返事をするつもりだ。
> ③ 十分に調査した（　　）で，結論を出したい。
> ④ 見た（　　）で，買うか買わないかを決める。
> ⑤ もう一度事情を聞いた（　　）で，解決法を決めましょう。
> ⑥ 彼が出かけた（　　）で，課長が来た。

（2）一言

　　"一言"是日语里经常用到的一个词，汉语是"一句话"、"一言"之意，用于表示所说内容简短之意。既可以用于他人，也可以用于自己。在会议或某种场合，请某人讲几句话时，日语说"～さんから一言お願いします"。自己要客套两

句话时，可以说"では，一言ごあいさつをさせていただきます"。"一言以蔽之"为"一言で言えば"。

（3）"確か"与"確かに"

本课中出现了"確か20分ぐらいかかったと思う"的说法。其中的"確か"与"確かに"是学习者容易混淆的。

"確か"是副词，用于表示说话人"不能断言，但可能会是这样的"心情。"確かに"是二类形容词，表示说话人"不会有错，就是……"的语气。

例：① 中国の銀行は確か土日も営業しているはずだ。/中国的银行似乎是周六、周日也营业的。

② あれは確か去年のことだった。/那好像是去年的事情。

③ さっきまで彼女は確かにここにいました。/直到刚才，她的确是在这儿的。

④ これは確かに先生の書いた字だ。/这的确是老师写的字。

（4）こんなすばらしい字も，何十分かすれば，乾いて消えてしまうんですね。

这句话中的"何十分かすれば"的"か"是不能省略的。由于受汉语的影响，中国的日语学习者经常会忘掉这个"か"。此处的"か"接在疑问词后面，表示不定称，相当于"过几十分钟"的意思，已经没有疑问的意思了。

例：① 部屋には何人かいます。/房间里有几个人。

② これ以上自分を苦しめないで，誰かに相談したほうがいいでしょう。/不要再苦自己了，还是找人商量一下为好。

按照日语的规则，疑问词一定要和"か"呼应使用。上面的例子是直接接在疑问词后面的，这种情况下表示的是不定称的意思；如与句尾的"か"呼应使用，则表示的是疑问句的意思。

例：③ 何十分すれば、消えますか。/过几十分钟会消失呀？

④ 誰に相談したほうがいいですか。/找谁商量好呢？

2. 词汇趣谈

（1）"研究生"≠"研究生"

在日本大学的招生简章上也常常可以看到"研究生"这个字眼，但其含义同中文的"研究生"差别很大。日本的"研究生"是指在大学进行短期（通常为一年）进修学习的学生。读"研究生"通常是为了继续攻读硕士研究生，其实际性质是预科旁听生，其意思近似于我国的"进修生"。

日本高校的教育及学位体制与我国类似，也分为"学部生/本科生"和"大学院生/研究生"，简称"院生"，其中"大学院生"的课程又分两个阶段——"修士課程/硕士"和"博士課程/博士"。有的学校也称这两个阶段为"博士課程前期"和"博士課程後期"。相应的学位分别叫做"学士号"、"修士号"和"博士号"。

大家明确了以上内容后，在谈相关问题时宜注意两点：
① "博士課程前期"不是博士课程而是硕士课程；
② 如果有人跟你说他在日本读了研究生，最好多问一句，说不定他只是在那里进修了一年。

（2）もったいない

"もったいない"用罗马字写成mottainai。根据日本权威字典《广辞苑》做出的解释，mottainai主要用于表达一种对还有利用价值的物品而不去利用的遗憾心情。近来，这个词汇已成为了处理全球资源环境问题的一个关键词汇。

Wangari Maathai（万加丽·马阿萨伊）是mottainai最著名的倡导者，她任职肯尼亚环境部部长，并于2004年获诺贝尔和平奖。Wangari Maathai认为这个提倡资源有效利用的词汇能完美地体现3Rs精神（减少使用资源，重复使用资源和循环使用资源）。

日本政府在2005年的《环境白皮书》和《循环型社会白皮书》中也对Mottainai所提倡的精神进行了界定。在G8首脑会议上，日本前首相小泉纯一郎对其它国家的领导人说，"也许这个词汇翻译成英语、法语、德语或其它语言有点困难，但我认为我们可以共同使用这个日本词汇'mottainai'。"小泉呼吁各国在共同促进资源有效利用过程中把mottainai当作一个通用词汇。

在日本，人们还成立了"もったいない学会"，正在掀起一场轰轰烈烈的"もったいない運動"。

3. 文化趣谈

（1）松コース

"松コース"是日本餐馆中指代某套餐的名称。菜单由酒店或旅馆设计好，分类多样。套餐和锅类的菜肴一般是按"特上、上、中、並"或以"松、竹、梅"来区分价钱的贵贱的。在用"松、竹、梅"命名菜肴的饭店里谁都知道"松"是最高级的。近来，为了避免一眼就能区分套餐价位的高

低，给顾客带来不快，在高级餐馆里也改用与地名相关的名称或以典雅、吉祥的字眼命名。如："さざ波"、"うず潮"、"沖つ波"等，这种命名的菜肴的内容和价位只有看过菜单后才能明白。在一般的餐馆有的也用外来语命名，如"スペシャル"等。

这种分类方法在日本社会中比较普遍。在幼儿园和小学，往往用这种方法命名各个年龄段的班级。常见的除了松竹梅以外，还有"もも/桃"、"つばき/山茶"、"桜/樱花"、"ひまわり/向日葵"、"ゆり/百合"、"たんぽぽ/蒲公英"、"すみれ/紫罗兰"、"ばら/玫瑰"等名称，如叫作"もも組"等。有的还用小动物来命名。如："ひよこ/雏鸡"、"きりん/长颈鹿"等。有的干脆用颜色来命名，常见的有"ふじ組/紫色班"。

日本著名的宝塚剧团也使用同样的分组方式，分别叫"花組"、"月組"、"雪組"、"星組"、"宙組"等。

（2）和式宴席的礼仪

原则上，"席次/座次"以进门处为"下座/下座"，里边为"上座/上座"。左右排列的话，站在门口面对室内的右侧是上座，左侧为下座。接待方的座位在出入口附近的下座，按左右来说的话，应该是面对室内时的左侧。如果宴会厅有"金屏風/金色屏风"的话，屏风前为最上座。如果是一般的和室，则不管离出入口的远近，"床の間/壁龛"的前边通常是最上座，与此相向的在壁龛旁边的是次座。

和式宴席时，招待方应比客人先入席。日本酒斟酒时应使酒壶稍离酒杯。日本人很少给自己斟酒，有相互斟酒的习惯，如果当对方说"我给你斟酒"时，应诚恳接受。享用有盖子的食物时，应先取下所有的碗盖，吃完后再把碗盖一一盖上，千万不要将碗盖朝上。和式宴席的礼仪规范中最重要的是筷子的使用，在日本使用筷子有很多忌讳。如："迷い箸/忌迷筷"，即手拿筷子在桌子上游走，却不去夹菜；"移り箸/忌移筷"，即动了一个菜不吃

饭，又去动另一个菜；"刺し箸/忌插筷"，即用筷子插入菜中，不光是菜，就是把筷子插在饭中也不好；"探り箸/忌掏筷"，即用筷子从菜中间掏着吃；"ねぶり箸/忌舔筷"，即以舌舔筷；"渡し箸/忌跨筷"，即把筷子横放在碗盘上，这表示已用餐完毕。

二、中国人的学习难点
"大切"、"大事"、"重要"的区别

三者在汉语里都有"重要"的意思。它们都是ナ形容词，但在实际使用中，各有特点。

先来看一下"大切"，除了ナ形容词的用法外，还经常用"～を大切にする"的说法。表示其存在无论在公在私都不可或缺，不可马虎对待。也有作为个人的事、贵重物品而守护、保存的意思。

例：① 父は私にとって、世界で一番大切な人です。/父亲对我而言，是世界上最重要的人。
② 親にとって大切でない子供などいない。/对于父母来说，没有不宝贝的孩子。
③ 地球を大切にしましょう。/请爱护地球。
④ 着物は大切に扱えば50年以上持つそうだ。/据说和服如果精心呵护的话可以用50年。

"大事"表示事态重大。"大事だ"表示如有差错，将发生事关存亡的大事，应绝对优先。还经常用"～を大事にする"的说法。

例：⑤ 大事なものはお忘れにならないように。/请别忘记贵重物品。
⑥ 警備上大事な問題について話し合う。/商讨有关警备上的重要问题。
⑦ 地球を大事にしましょう。/请珍惜地球。
⑧ 友達からの忠告をいつまでも大事に心に受け止めておきたい。/我会把来自朋友的忠告永远好好记在心里。

"重要"表示可以客观判断出其存在对公众事业来说是绝对不可或缺的。重点在于这不是个人的问题，明确与公众相关。"重要"是汉语词，经常在文章中出现，除了ナ形容词的用法外，还经常会以"重要性"、"重要度"、"重要点"的形式出现。但是它没有"～を重要にする"的说法。

例：⑨ これは現代社会における重要な問題である。/这是现代社会的重要问

題。
⑩ この仕事の重要性は君はよく知っているはずだ。/你是应该非常清楚这项工作的重要性的。

为了帮助学习者进一步领会这三个词的异同，我们为大家提供以下例子。
○ 可以互换的例子：
① そこが大切な/大事な/重要なポイントです。/那是非常重要的要点。
○ 只可以用"重要"的例子：
② 彼はその事件の重要な人物の一人だ。/他是那个事件的重要人物之一。
③ 仕事中，ケガをした時，労働契約をきちんとしているかどうかが重要だ。/工作中当你受伤时，是否正式签有劳动合同是非常重要的。
○ 不能用"重要"的例子：
④ 古い自転車だが，大事に/大切に/*重要に使っていたらしい。/虽然是辆旧自行车，用得还非常仔细。
⑤ 古い建物を大事に/大切に/*重要にして残している。/我们非常精心地保留下来古建筑。
⑥ みんなが水を大切に/大事に/*重要に使えば，なんとか今週はだいじょうぶだろう。/如果大家精心节约用水，这一个星期还是可以的。

三、参考译文和练习答案
1. 参考译文

第4课　中国文化
课文　中国式接待之精髓

经营顾问　原 康行

由于工作的关系，我和客人一起用餐的机会很多。就算是我做东，用于选菜的时间，午饭在一分钟之内，晚餐也一般在2到3分钟。特殊长一点儿的时候也在10分钟之内。

在中国款待客人的时候，没有人在那么短的时间内决定菜单。让客人喝什么，吃什么是非常重要的事情。首先在听过最重要的客人的喜好后，大家才七嘴八舌地说："那，要那个，要这个。"决不敷衍了事。这就是中国式接待的精髓。

前些日子，在中国的大学演讲过后，（我）和大概10个关照过我的硕士生一起去餐馆吃饭。那个时候，学生们认真地看菜单，选菜。我记得大概是花了约20分钟的时

间。像这样，从学生时代就开始积累经验，不断适应。

　　话说，今天的菜单到底决定了没有？其实，我现在就坐在餐桌旁。从进到店里，已经过了30分钟了。店员不断地进进出出，讲解着（菜谱）。一开始，我也看了菜单，不过中途看烦了便放弃了。现在大家都很投入（看菜谱），谁也没有注意到我正在笔记本上写着什么。

　　如果是日本，"要10人份的松套餐"，这一句话就可以解决了……

会话　所有的事物都会发生变化

　　齐藤健和朋友陈伟东溜达着。在公园的入口，恰好遇见一个老人正在用水和毛笔在地上写字。

齐藤健：那个人在做什么呀？

陈伟东：那个是（用毛笔蘸水）在地上书写文字。最近，练习的人多了起来，我母亲也刚开始练习，虽说是刚刚开始练习，不过写得相当棒呢。

齐藤健：写的是古代的文章吧！哦，不愧是中国呀，能让人感到古代文化的传统！

陈伟东：是的，我母亲说，（写这个）又用脑，而且全身活动才能写，所以还起到了锻炼身体的作用。

齐藤健：而且还不用花什么钱呢。

陈伟东：是呀，正好适合老年人的爱好啊。

陈伟东：（陈卫东与写完后正在休息的老人搭起话来）对不起，请问您在写什么呢？

老　人：啊，是王羲之的兰亭序。

齐藤健：您的字真棒！

老　人：哪里哪里，还差得远呢！

陈伟东：这么棒的字，过个几十分钟，就会都干了，消失了吧。

老　人：是呀。

齐藤健：那多可惜呀。

老　人：留下的东西，总是好的吗？所有的事物都会随着时间的推移发生变化的。只要能感到今天写得还不错这种满足感，不也挺好的嘛。

2．练习答案

　　二、① さすが　　② こんな長いものを書いた
　　三、1．中国流　　2．経営　　3．先日
　　　　4．確　　　　5．公園

四、1．でい　　　　　2．いんせい　　　3．な
　　4．うんてん　　　5．しょうたい

五、1．でも／も　　　2．か，と　　　　3．に
　　4．を，が　　　　5．に

六、1．決めたいと思います
　　2．しません
　　3．この町のことは何でも知っています
　　4．上がっています
　　5．わからないでしょう

七、1．環境保護は大事な問題だから，これからこのようなことは決して二度としません。
　　2．母は主婦であるとともに小説家としても活躍しています。
　　3．貯金が増えたため，もっと広い家を買いたい気になった。

八、1．a　　　2．c　　　3．b　　　4．d
　　5．c　　　6．a　　　7．d　　　8．b

九、1．交通が便利になるとともに，世界も小さくなっていきます。
　　2．よく／ゆっくり考えた上で行動したほうがいいのではありませんか。
　　3．彼は話をよく聞く子で，親を心配させることはけっしてしません。
　　4．さすがに彼女は誰にでも好かれるような人です。
　　5．地球がだんだん暖かくなっている（温暖化している）ため，水も乏しくなってきた。

十、1．昼食は1分以内，夕食でもだいたい2～3分，特別長くても10分以内だ。
　　2．招待した客に何を飲んでもらうか，何を食べてもらうかは大変大事だからだ。
　　3．客に料理の説明をするためだ。

第5課
医　療

本课重点：

一、コミュニケーション表現

1．この1か月，頭痛が続いているんですけれど。
2．すみません，ピリピリってなんですか。
3．ああ，こういう日本語はかえって難しいのかな。失礼しました。
4．はい，お願いします。
5．日本の生活に慣れているつもりですが，やはり，ストレスがあるのかもしれません。
6．病院に行く時，保険証を忘れないようにね。
7．どうぞ，お大事に。

二、文法

1．后缀　（1）料　（2）費
2．副助詞　（1）だけ②　（2）ずつ　（3）ばかり②
3．提示助詞　さえ
4．接続助詞　けれど②
5．接続詞　（1）それとも　（2）また

三、文型

1．～に応じて，～
2．～ですむ
3．～と～とどちらが～
4．～につれて，～
5．～つもりだ

四、言葉の使い方

1．厳しい　2．ピリピリ　3．かえって

一、**知识链接**

1. **补充讲解**

（1）保険料を払わずにいる人もいる

"～ずに"后面通常接动作动词，表示在没有进行前项动作的状态下进行了后项动作。

例：① 約束の時間に遅れそうなので、彼は顔も洗わずに家を出た。/马上就要迟到了，他没洗脸就离开了家。

② 兄はだれにも相談せずに会社を辞めた。/哥哥没有和任何人商量就辞职了。

本课中后接存续动词"いる"的用法不多见，可以作为一种惯用的形式使用，表示存在的状态。课文中的这句话可以译为："也有人没有支付保险费。"

例：① 彼にはまだ人々の気づかずにいる才能がある。/他身上还有人们尚未察觉的才能。

② 大事なのは変わらずにいることだ。/重要的是自己不变。

③ 未だに結果を出せずにいる。/至今尚未得出结果。

（2）頭痛がする

日语中表示不舒服的状态时，多使用"～がする"的句型。除了课文中的"頭痛がする"以外，常见的还有以下用例。

例：寒気がする。/发冷

吐き気がする。/想吐

息切れがする。/喘不上气来

めまいがする。/头晕

"～がする"还用于表示感觉到声、色、形、味等，可以译为："有……的感觉"。

例：① 隣の部屋から歌声がする。/隔壁房间传来歌声。

② 食堂に入ったら、いいにおいがしていた。/一进食堂，我就闻到很香的味道。

③ 自動車の音がする。/有汽车声。

④ 恋の予感がする。/有恋爱的预感。

2. **词汇趣谈**

和制汉语的后缀

和制汉语也称"日制汉语"，多指明治维新后，日本翻译西方文化的过程中创

造或演绎的新汉语。其中日本人用一些词缀接在汉字词汇的前后以表达新的含义，词性有时也会发生变化。前缀有："不～"、"非～"、"無～"、"未～"等。

例：① 私の不注意から彼女の気を悪くしたようだ。/由于我的疏忽，好像得罪了她。
② そのやり方は少し非常識だ。/那种做法有点缺乏常识。
③ 無意識に手に持っているボールペンを回している。/她无意识地转动着手里的圆珠笔。
④ これは古今未曾有の事件だ。/这是古今从未有过的事情。

后缀较多，如："～的"、"～化"、"～性"、"～感"、"～力"、"～観"、"～派"等。如：

歴史的、経済的、家庭的　　　理解力、表現力、精神力
西洋化、映画化、国際化　　　価値観、人生観、世界観
普遍性、必要性、実用性　　　賛成派、反対派、推進派
一体感、現実感、期待感

例：① このプランは非常に経済的だ。/这个计划很经济。
② 国際化が進むにつれて、東西の価値観がどんどん近づいているようだ。/随着国际化的推进，东西方的价值观似乎越来越接近了。
③ これはたいへん普遍性のある問題だと思う。/我认为这是一个非常有普遍性的问题。
④ この絵はどうも一体感を欠いている。/这幅画好像缺少整体感。
⑤ あの子の理解力はすごい。/那个孩子的理解力很强。
⑥ 残念ながら、僕は反対派の一人だ。/非常遗憾，我是反对派之一。

3. 文化趣谈

日本的电子游戏

电子游戏是由美国人发明的，但真正将其发扬光大，使其风行世界的是日本人。日本电子游戏的起源可以上溯到1983年，标志性事件是1983年7月15日任天堂（NINTENDO）公司发售ファミリーコンピューター（Family Computer，简称FC）游戏机硬件。因该机机体由红白两色组成，所以又被人亲切地称为"红白机"（在我国，由于小霸王公司生产的组装FC较为流行，该机在我国也被称为"小霸王"）。风靡全球的"スーパーマリオ"（中

译：超级马里奥）系列游戏软件，其第一个游戏就诞生于FC上。

其后，随着科学技术的发展，日本游戏业界风云变幻，游戏硬件更新换代频繁，游戏公司间竞争始终十分激烈。目前主导家用游戏市场的三大新兴游戏主机（日本称为"次世代ゲーム機"）是索尼公司的PS3、微软公司的XBOX360和任天堂公司的Wii。三者各具特色。PS3由于配置高而拥有逼真的游戏画面和精湛的效果，在核心玩家群体中有不可撼动的地位；XBOX360拥有大量写实的体育、动作类游戏，符合喜欢追求刺激的年轻人口味；Wii则凭借其新奇简单的操作方式和软件致胜战略使得大批以前不玩游戏的人加入玩家阵营。

二、中国人的学习难点
"さえ"与"すら"的区别

"さえ"用于举出极端的事例，据此推测出整体的状况。极端的事例根据上下文，可例示程度轻的，也可例示程度重的。肯定句、否定句都可使用。句型不同，"さえ"的意思也不尽相同。

例：① そんなことは常識だよ。子供でさえ知っている。/这样的事是常识，连小孩儿都知道。

② そこは電気さえないような山の奥である。/那里是连电都没有的深山。

③ 世界には毎日のご飯さえ食べられないかわいそうな人がおおぜいいる。/世界上每天连饭都吃不上的可怜的人还有很多。

④ あの人は暇さえあれば、電気街へ行く。/他只要一有时间就去电子一条街。

"すら"没有例④这种与表示假定条件"ば"呼应的用法。用来强调说话人认为的所达到的极端状态。

例：⑤ この寒さで、あのじょうぶな田中さんすら風邪を引いている。/天这么冷，连一向身体很好的田中都感冒了。

⑥ 昔、世話になった人の名前すら忘れてしまった。/连以前帮过自己的人的名字都忘记了。

⑦ 40度の熱が出ているときですら病院に行かなかった。/即使发烧到40度的时候，也没去医院。

试比较以下两个句子。

例：⑧ 10円さえないのです。/连10日元都没有。

此句表示就连10日元都没有，更何况100日元、1000日元呢！

⑨ 10円すらないのです。/连10日元也没有。

此句着重表示根本没有钱。

三、参考译文和练习答案
1. 参考译文

第5课 医 疗
课文 医疗保险

日本有社会保险制度，国民必须要加入公共医疗保险。这一制度制定于1961年。正是由于这项制度的出台，因为经济原因无法去医院的事情消失了，无论谁都可以接受治疗了。现在，只要是在日本居住一年以上的外国人也必须和日本人一样加入医疗保险了。

国民必须按照自己的收入缴纳相应的保险金。在公司工作的人，保险金的一半由公司承担，剩下的一半自己负担。已婚男子的孩子，以及没有收入的父母、妻子等全家的保险，也都包括在丈夫的这个保险金内。现在，3岁到69岁的人即便去看病，也只需支付所需费用的一部分，即30%就可以了。这个年龄之外的更便宜。

不过，这种保险制度最近在财政上也是处于很严峻的态势。出生率降低在日本已经持续了30年以上，因此老年人的比率一直呈增长的趋势。青少年和老人谁花的医疗费多，连孩子也知道答案。随着老年人数量的增加，医疗费也在不断增加，（这）对财政形成了极大威胁。同时，年轻人中不愿从事固定工作的人或者没有固定工作的人也在增加，这中间不加入公共医疗保险的、不交付保险金的也大有人在。

最近成为（社会）问题的是，住院、手术后，不向医院交付费用就逃跑的人每年都在一点一点地增加。这个事情现在已经成为了很严重的问题。

会话 总是头疼

张静最近总是头疼，（所以）去大学的保健室找保健师咨询。

张　静：这个月，一直头疼……
保健师：这样啊。是整个头都在疼呢，还是哪个部位疼呢？
张　静：总是左面疼。不过就只是头皮疼。
保健师：这样啊。疼的时候，是不是连摸一下头发都觉得有点刺痛。
张　静：对不起，"ピリピリ"是什么意思？
保健师：噢，这种日语反而不容易懂啊。抱歉。你好像是偏头疼，对吧？
张　静：（查电子辞典后）嗯，是这样。
保健师：还是去趟医院比较好。（我）给你介绍一个大学附近的医院吧。
张　静：好，那就拜托您了。
保健师：（边递地图）是这里。出门后走10分钟就可以了。
张　静：谢谢。唉，我本来觉得已经适应了日本的生活，但是看来还是精神紧张的原因吧。
保健师：是呀。因为精神紧张偏头疼的人很多呢。
张　静：是嘛。
保健师：去医院的时候，别忘了带保险证啊。请保重身体。

2．练习答案

二、① 心配しないでください　　② お願いします

三、1．残　　　　2．原因　　　　3．厳
　　4．圧迫　　　5．働

四、1．けいざい　　2．ほけん　　　3．しょうしか
　　4．さわ　　　　5．そうだん

五、1．を　　　　　2．さえ　　　　3．と，と／の
　　4．ずつ／も　　5．で

六、1．上がっている
　　2．誤解される／まずい
　　3．ほしい／もらいたい
　　4．もらってもいい／もらいなさい
　　5．一方

七、1．「企業の倒産確率」と「日本の物価について」とどちらが書きやすいですか。
　　2．100点をとるつもりでがんばったけれど，80点しかとれませんでした。

3．生活がよくなるに応じて，海外旅行に行く人が多くなります。

八、1．a　　　2．b　　　3．a　　　4．c
　　5．c　　　6．b　　　7．d　　　8．b

九、1．毎日夕食の後30分ばかり散歩したら，健康にいいそうです。
　　2．客のニーズに応じて物を作ったり，販売したりするといい。
　　3．お客さんにあいさつもせずに自分の部屋に入るなんて，よくないでしょう。
　　4．風邪はもう治ったつもりだったが，また熱が出た。
　　5．今，子供でさえ医療保険のよさを知っている。

十、1．1年以上住む外国人は入ることになっている／入らなくてはいけない。
　　2．医療費が増え，財政を圧迫する。
　　3．入院したり手術を受けたりした後，病院に金を払わずに逃げてしまう人が毎年少しずつ増えていること。

第6課
国民性

本课重点：

一、コミュニケーション表現
1. 後のことは心配しないで下さい。
2. 早くおいでください。
3. では，ここで質問です。
4. うん，まあね。
5. そりゃそうだろう。
6. ああ，あるある。
7. 相手が「何時」って決めたくせにそうなんだよ
8. まあ，そう気にするな。珍しいことじゃないよ。
9. そうらしいけどな。
10. でも，こっちだって次の予定があるんだから，困るよ。
11. 悪い悪い。あれはさ，どうしようもない理由があってね。
12. 何だよ，勝手だな。

二、文法
1. 后缀　人
2. 接续词　（1）そこで　（2）そして
　　　　　（3）さて　　（4）しかも
3. 助动词　みたいだ
4. 接续助词　くせに
5. 提示助词　だって
6. 间投助词　さ

三、文型
1．～といわれる　　2．～たらいい
3．～といい　　　　4．お～です
5．～に違いない　　6．～わけにはいかない
7．～（た）くせに

四、言葉の使い方
1．あきらめる　　2．しかたない　　3．1人1人
4．迷惑をかける　5．とにかく

五、解釈
相手が「何時」って決めたくせにそうなんだよ。

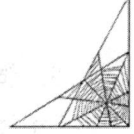

、知识链接

1. 补充讲解

（1）～に違いない

与"～に違いない"类似的表达形式还有"～に相違ない"，其语气比较强烈，经常出现在文章里。

例：① 彼の実力なら勝つに相違ない。/按照他的实力肯能够取胜。
② アリバイがくずれたことから，あの男が犯人に相違ない。/从不在现场的证明完全无效判断，他肯定是犯人。
③ 今回の事故は担当者の操作ミスによるものに相違ない。/这次事故一定是由担当人员的操作失误引起的。

（2）ここで質問です

这是一种特殊的名词句。按照中国人的语言习惯，这里应该说："ここで質問します"。但按照日本人的语言习惯，这种名词句的说法非常自然。译成汉语时往往需要恢复动词。

例：① この子は来年から小学生です。/这孩子明年开始就上学了。
② 昨日は一日中雨でした。/昨天下了一整天的雨。
③ 姉は女の子で，妹は男の子だ。/我姐姐生的是女孩，妹妹生的是男孩。
④ もう時間です。帰ってもいいですよ。/时间到了，大家可以回家了。

（3）"しかたない"和"どうしようもない"

课文中出现的"しかたない"和"どうしようもない"都表示"没办法"、

"不得已"的意思。"しかた"的汉字是"仕方"，"しよう"的汉字是"仕様"，两者的意思都是"办法"、"做法"。"しかたない"有时可以说成"しかたがない"，"しようもない"通常发生约音，变成"しょうがない"。

例：① 自分の間違いだから、しかられてもしかたがない。/是自己的错，挨训也没办法。
② 何回言っても聞いてくれないなら、もうどうしようもない。/我说几遍你都不听的话，那就没办法了。
③ 本当にしょうがないやつだな。/真是个拿他没办法的家伙。

2. 词汇趣谈

"かける"

本课出现了"迷惑をかける"、"保険をかける/上保险、加入保险"的说法，其中的"かける"是个多义词，如果用汉字表示有多种写法。其基本意义是使两种物体发生接触或产生相应的关系，本教材中就出现了不少。

其他常用的还有：

電話をかける。/打电话
壁に絵をかける。/把画挂在墙上
眼鏡をかける。/戴眼镜
塩をかける。/撒上一点盐
腰をかける。/坐下
目をかける。/特别关怀、爱护照顾
苦労をかける。/让人操心
金をかける。/花钱、赌钱

3. 文化趣谈

村上春树

近年来，日本作家村上春树在我国拥有了越来越多的忠实读者。村上春树生于兵库县，毕业于早稻田大学文学系戏剧专业。1979年发表处女作《且听风吟》（風の歌を聴け），获"群像新人奖"，从此一发而不可收，创作了大量小说、随笔以及报告文学等。其中1987年写就的《挪威的森林》（ノルウイーの森）使其成为日本最为走俏的作家。

村上春树的小说与日本传统作家的小说有明显区别。从文体上讲，语句简洁，用词口语化，通俗易懂，让人有"读欧美小说的感觉"。这与他从幼年时期就爱好西方文学有千丝万缕的联系。从内容上看，他的小说普遍以第一人称展开叙述，主人公没有纷繁的人际关系，没有复杂的性格，人物被高度"符号化"。

此外，村上的作品还带有强烈的个人色彩，他的很多作品中反复出现爵士乐及酒吧就与他经营爵士乐酒吧的经历有关。

村上通晓英语和西班牙语，创作之余，还翻译了大量欧美作品。

二、中国人的学习难点
"～のに"与"～くせに"

两者都是接续助词。"～のに"接在名词或句子之后，表示结果与说话人所预料的相反，说话人为此而感到遗憾。用于说话人以外的行为时，表示责备或不满的情绪。

例：① せっかく買ってやったのに。/这可是特意买给你的，你却……
② もう少し頑張れば、優勝することが出来たのに。/再努力一点儿，就可以获胜了。

"～くせに"接在动词及一类形容词的词典形、二类形容词的ナ形、名词＋の等之后，当发生与说话人的预想相反的事情时，表达说话人的不满或者责备的语气。在要强调不满或者责备的语气时，常常使用倒装句的形式，叙述后句。

例：③ 彼は自分ではできないくせに、いつも人のやり方に文句を言う。/他自己不会做，却一直埋怨别人的做法。
④ あの選手は体が大きいくせに、全く力がない。/那个选手尽管身材高大，但没有力气。

自然现象和非生物作主语时，不能用"～くせに"，而"～のに"则没有这种限制。

例：⑤ もう4月なのに。/这都四月份了。
⑥ この大学の学費はずいぶん高いね。そんなに有名じゃないのに。/这所大学的学费真贵。又不是多么有名。

"～くせに"的使用限于前后句为同一主语，而"～のに"则没有这种限制。

例：⑦ 課長があれほどあなたを信頼しているのに，課長の悪口を言うなんてひどい。/科长那样信赖你，你却说科长的坏话，真过分。

另外，"～くせに"与"～のに"相比，责备、责难的语气要强烈得多。因此，即便是转折，如果不带责备语气的话，一般也不用"～くせに"。

还有一点要强调的是，"～くせに"不能用于第一人称的行为，而"～のに"则没有这种限制。

例：○ どうしてやめちゃうの。せっかく今までお互いにうまくやってきたのに。/为什么不干了？好不容易顺利地合作到现在。
　　×どうしてやめちゃうの。せっかく今までお互いにうまくやってきたくせに。

三、参考译文和练习答案

1. 参考译文

第6课　国民性
课文　日本人的国民性

每个国家的人都有被称为"国民性"的东西。关于日本人的国民性，大概就是经常被指出的"只要和其他人一样就可以安心"吧。有这么一个有趣的故事。有一艘乘载了世界上很多国家旅客的轮船在海上遇到了事故。还有几个小时船就要沉了。虽然有救生艇，但不够用。为了先救助女性客人，该对男士们怎么说才好呢？

如果对美国人说"已经给大家上了足够的保险，请不要担心以后的事情"（因为美国人喜欢保险），那他们可能就断了（其他的）念头，跳进大海。对英国人说"如果你是绅士，那么请为了淑女们选择牺牲"，或许他们没有办法，只得跳进大海。对意大利人要说"不要跳进大海！"（因为意大利人会做与命令相反的事情）。而据说对德国人只要说"跳下去是这条船的规矩"就可以了。

那么，对日本人该怎么说呢？日本男人是由服务生到客舱中一个人一个人地叫。"大家要一起跳入海里，快点儿来，其他人在等着你呢。"如果这样说的话，日本男人一定会急急忙忙地从房间里跑出来。

不能仅仅因为自己迟到，给别人添麻烦，其他人都要跳下去，不能只剩下自己。这个故事巧妙地表现了日本人的那种想法。那么，现在要问了，对中国男人应该怎么说才好呢？

第6課　国民性

会话　时间的约定

　　齐藤健在下班后，正在与朋友陈伟东聊天，两个人都毕业于日本的大学。

陈伟东：你好像已经相当习惯中国的生活了。
齐藤健：嗯，还好吧。老实说，还有始终没有办法习惯的事情。
陈伟东：那肯定会有吧。
齐藤健：最成问题的是时间的约定。
陈伟东：呵，是指不遵守时间吧。
齐藤健：是。即便是我去对方的公司，对方不在的事情也经常发生。
陈伟东：啊，有的。
齐藤健：对方自己定好了几点钟，却晚到。
陈伟东：好了，别那么在意。这不是什么新鲜事儿。最近已经有所好转了。
齐藤健：好像是吧。总之，那是我精神疲劳的根源。
陈伟东：在我看来，日本人对于时间过于仔细了。
齐藤健：可是，我这边儿接下来还有事儿呢，真让人为难呀。
陈伟东：就连齐藤你，今天不是也迟到了20分钟嘛。而且也不给我手机打电话联系一下。
齐藤健：啊，是的。对不起。那是因为有个实在没办法的理由啊。
陈伟东：什么呀，太随便了吧。你约的谈工作的人也一定是有实在没办法的理由的。

2. **练习答案**

二、① そりゃそうだろう　　　② うん，まあね

三、1．優先　　　　2．紳士　　　　3．携帯電話
　　4．珍　　　　　5．安心

四、1．きゃくさま　2．とびこ　　　3．かって
　　4．じこ　　　　5．めいわく

五、1．で，と　　　2．と，の／が　3．は，の／ん
　　4．と　　　　　5．と

六、1．だめになることはないでしょう
　　2．傘を持っていったほうがいいです
　　3．素直に聞くべきだ
　　4．皆いっしょうけんめい仕事をしているのだから
　　5．学生のことが何も分からない

七、1．ゴミを勝手に捨てる人は，周りの人に嫌われるに違いありません
2．あの2人はまるで夫婦みたいだ。
3．あまり飲めないくせに。

八、1．b　　　2．a　　　3．d　　　4．d
5．b　　　6．a　　　7．b　　　8．a

九、1．日本人は，人と違ったことをするのが嫌いだといわれている。
2．あの人は必ず約束した時間を守っているみたいだ。
3．彼は遅れたくせにお詫びもしない。
4．とにかくどんなことをしても，人のことを考えてあげなければならない。
5．話すとき，人と違ったことをしゃべったらいい。

十、1．あと数時間で沈んでしまいます。
2．救命ボートはあるが，充分ではないためです。
3．「自分だけ遅れて他の人に迷惑をかけてはいけない，他の人が飛び込むのに自分だけ残るわけにはいかない」と思うからです。

第7課 都の人

一、コミュニケーション表現

1．あなたは京都の人ではないから、わからないでしょうが……
2．簡単な食事をお出ししますから、召し上がりませんか。
3．そんなこと言っていいの？
4．おまえは江戸っ子だから「宵越しの銭は持たない」ってわけだな。
5．オレの面子のためにそれくらい食べてくれよ。
6．そんなー。

二、文法

1．格助詞　こそ
2．接続詞　（1）そうすると　（2）なぜなら（ば）
3．感嘆詞　ええと
4．动词命令形
5．こそあど系列词汇⑨　このような　そのような
　　　　　　　　　　　あのような　どのような

三、文型

1．～ことに，～　　　　　2．～というわけだ
3．～をきっかけに，～　　4．～が一番だ
5．～ませんか　　　　　　6．～ということだ
7．～に対して，～　　　　8．～（よ）うじゃないか

四、言葉の使い方

1．宵越しの銭は持たない。
2．そこもなかなか捨てたものじゃない。
3．江戸っ子の生まれ損ない金を貯め

五、解釈

1．にこにこ　　2．そろそろ　　3．冷たい

一、知识链接

1. 补充讲解

（1）～生まれ

"生まれ"作为后缀时，前接的名词可以是地名，也可以是年月日或年号。

例：東京生まれ/东京出生　　　　外国生まれ/国外出生
　　1969年生まれ/1969年出生　　8月生まれ/8月出生
　　31日生まれ/31号出生　　　　明治生まれの人/明治年间出生的人
　　昭和生まれ/昭和年间出生

如果有人称自己是"東京生まれの東京育ちです"的话，是指"地地道道的东京人、土生土长的东京人"的意思。

（2）千年もの長い間，都であった京都は訪ねる価値は非常に高い

在表示数量的词后面加上"も"，表示数量之多。还可以加在疑问词的后面，表示肯定的、数量之多的意思。

例：① ご飯を3杯も食べたんですか。/你吃了3碗吗？！
　　② 父は5回も日本に行ったことがあります。/父亲去过5次日本。
　　③ 曜日を間違えたのか，明日の講義なのに，学生が今朝，何人も来ました。/可能是把星期弄错了吧，本来是明天的讲座，学生今天早上来了好几个人。

（3）～をきっかけに

这里的"きっかけ"可以换成"契機（けいき）"，意思相同，但后者多用于书面语。

例：① あの事件が契機となって戦争が起こった。/以那个事件为契机，战争开始了。
　　② あの人は著書の出版を契機に，様々なメディアに登場した。/以专著的出版为契机，那个人开始在各种媒体露面。

2. 词汇趣谈

日本料理的日汉对照

随着日语的"料理"被汉语吸收后,"日本料理店"的叫法也替代了从前的"日本菜馆"。在国内的很多城市,日本料理店如雨后春笋般相继出现。以下介绍一些普通的日本料理的名称。

名称	日语读音	汉语
定食	ていしょく	套餐
ご飯	ごはん	米饭
漬物	つけもの	酱菜、腌菜
味噌汁	みそしる	大酱汤、味噌汤
茶碗蒸	ちゃわんむし	日式蒸蛋
お茶漬け	おちゃづけ	茶泡饭
刺身	さしみ	生鱼片、刺身
おでん		关东煮
蕎麦	そば	荞麦面
饂飩	うどん	乌冬面
カレー		咖喱
すきやき		日式火锅
天麩羅	てんぷら	泛指油炸食物(有虾、蔬菜等)
丼	どんぶり	盖浇饭
牛丼	ぎゅうどん	牛肉盖饭
豚カツ	とんかつ	炸猪排
餃子	ギョウザ	煎饺

3. 文化趣谈

平安时代的贵族

据称平安时期,有将近1000人的贵族生活在当时的首都京都。虽说与奈良时期相比人数有所增加,但这个数字包括了孩子和老人。所以,年轻人在贵族中寻找合适的结婚对象很难。特别是男性,必须要结婚。因为当时,祖上的财产是留给女儿的,儿子是什么都继承不到的。

当时去宫殿时所穿的都是很讲究的衣服。男性成人后穿的衣服都是结婚

对象的女方家里给做的。衣服不是像今天一样在商店里买，都是在家里做的。不仅穿着有严格的身分、场合的限制，而且还要考虑与季节相符的款式、颜色，然后织布，成衣。当时没有针线，是用米饭做成的浆糊似的东西把两块剪好的布粘上的。为了做这样的衣服，需要请很多有专门技术的人。

当然，不仅是衣服的问题。妻子爸爸的地位越高，女婿就更容易成功。所以，在当时男性为能找到条件好的结婚对象是不遗余力的。

、中国人的学习难点
"～ため（に）"在表示原因和目的时的用法和区别

"～ため（に）"既可以表示原因，也可以表示目的。表示原因的接续方式为"名詞＋の＋ため（に）"、"Ⅰ類形容詞（辞書形）＋ため（に）"、"Ⅱ類形容詞＋な＋ため（に）"、"動詞（ル形、タ形、テイタ形）＋ため（に）"。"～ため（に）"的因果关系以发生时间的先后为特点，从句事情发生在前为原因，主句事情发生在后为结果。以发生时间的先后为特点的"～ため（に）"一般表示客观的因果关系，主句不能表达说话人的判断、意志、对对方的要求、命令等语气。其中，"動詞ル形＋ため（に）"表示反复、习惯、性质等超时的用法，例④即是。

例：① 彼は病気のため辞職した。/他因病辞职了。
② 周りが暗かったため，相手が誰なのか分からなかった。/由于周围太黑了，所以没看清楚对方是谁。
③ 道を間違えたために，家に着いたのは夜明けだった。/因为走错了路，天亮才到家。
④ いつも遅刻するため，成績が落ちた。/因为总是迟到，所以成绩下降了。

表示目的的接续形式为"名詞＋の＋ため（に）"、"動詞ル形＋ため（に）"。"名詞＋の＋ため（に）"表示目的时，主句一般表达说话人的意志。

例：⑤ テストで一番を取るために，彼は夜も寝ないで復習している。/为了考试得第一，他晚上觉都不睡，一直复习。
⑥ あの子はどうも両親のために勉強しているようだ。/那孩子总好像是为父母在学习。

⑦ 日本語を勉強するために日本へ留学する。／为了学日语，去日本留学。
⑧ 留学するためのお金はお父さんが出すから心配しなくていい。／留学语的费用由爸爸替你出，不必担心。

考考自己：完成下列句子。
① 車が増えたために、_____。
② 友達は国家公務員の試験を受けるために、_____。
③ 風が強かったため、_____。
④ 事故のため、_____。
⑤ 子供を大学へ行かせるために、_____。

三、参考译文和练习答案

1. 参考译文

第7课　皇城根儿的人
课文 京都人的自豪感

　　曾经很长一段时间，日本的首都一直都是京都。所以，不少京都人自豪地认为"只有京都才是日本真正的首都"。有个故事表达了这种思想。有一次，一位京都的望族与一位东京的望族聊天。东京人说："我家本来有很多祖上使用过的古老的好东西，但遗憾的是都在战争中被烧掉了。"这样一来，京都人也说"我家也一样，全都被烧掉了。"实际上，东京人说的都是第二次世界大战时的事情，而京都人说的是1467年的被称为"应仁之乱[1]"的一场战争。其实这个京都人在心里嘲笑历史短暂的东京人。

　　一位研究《源氏物语》[2]的很有名的学者出生在东京，和京都的女性结了婚，搬到

---

1 应仁之战是一场始于1467年，持续了约10年的战争。由于这场战争，京都的很多街道都被烧毁了。
2 《源氏物语》是一部大约在1000年前，由京都的女性所创作的小说，被翻译成英语、德语、法语、俄语、汉语等多国语言版本。

了京都。因为研究《源氏物语》最好还是住在京都。可是，（这位学者）在京都住了几十年，出版了好几本关于《源氏物语》的学术著作，还是经常被生在京都的岳母、妻子说"你不是京都人，所以你可能不太清楚……"。

人们常说京都人即使表面上笑眯眯的，内心却是冷淡的。去别人家的时候，人家对你说："准备了简单的饭菜，您在这儿吃吧。"如果你真的吃完了饭才回去的话，走后会被人嘲笑。这么说的真正的意思是"希望你这就回去"。

京都是有名的旅游城市，当然不会对游客这样冷淡。作为有着几千年首都历史的京都，旅游价值非常之高。不过，住在京都，能够感到首都人的冷淡，也许那才是真正的"京都体验"。

会话 因为我是东京人

课后，张静正在与两名男同学准备研讨会的发言。马上就要6点了。

木　村：嗯，这个图表由张静来说明，之后我总结。到这儿的摘要由田中准备。明天用邮件发给大家。这样可以吧。

田　中：好吧。总算完成了一半儿了。啊，都6点了。

张　静：是呀。啊，肚子饿了。

田　中：我也是。大家一起吃完饭再回去吧。今天我请客。

张　静：真的吗？你不会后悔吧？

田　中：今天打工挣了钱，我是"有钱人"。

木　村：是呀。你是江户人，当然会"今朝有酒今朝醉"啦。

张　静：欸，那是什么意思？

田　中：我们家，代代都住在江户。都说江户人是一定要把赚的钱在当天花完的。

张　静：（很高兴的样子）这样啊。那，把打工的钱在今天都花光吧。

木　村：好，那今天到寿司店好好享受一下吧。

田　中：等一下，说是打工的钱进了账，不过才3000日元。咱们去学校食堂大吃一顿吧。那儿也相当不错。

张　静：（很失望）说是"在学校食堂大吃一顿"，也很难呀。

田　中：总之，我要把3000元都用了。我可不想被说成"江户人混蛋才存钱"。

木　村：没办法呀，那么我吃4碗饭。张静也吃3碗吧。

田　中：是呀，为了我的面子也要吃这么多啊。

张　静：啊，这样呀。

2. 练习答案

二、① それくらい出してやってよ　　② そんな

三、1．面子　　2．都　　3．戦争
　　4．観光　　5．話

四、1．かんこうきゃく　2．ざんねん　3．けいけん
　　4．わらう　　5．ものがたり

五、1．こそ　　2．が，だけ　　3．なら，を
　　4．と，に　　5．か，が

六、1．行きたかった大学に入ることができました
　　2．毎日テープなどを聴く習慣をつけるの
　　3．外国語が好きだからです
　　4．きちんとしたスーツを買いました
　　5．残念な

七、1．私の祖父は毎日'地書'を書きに公園へ行きます。上手なので，自然に人に教えるようになったというわけです
　　2．困ったことに，あの人は約束の時間になったのに，まだ来ていません。
　　3．就職活動をきっかけに，敬語に関する本を図書館から借りました。

八、1．a　　2．c　　3．d　　4．c
　　5．a　　6．b　　7．b　　8．d

九、1．それはいい考えだ。さっそくやろうじゃありませんか。
　　2．その年の正月，わたしはギョーザを20個食べました。私と同じ年のおじの子どもは21個食べました。そうすると，私はまた無理をして2個食べたのです。
　　3．父はいつも自分のことは自分でせよ／しろと言っています。
　　4．子どもに対して厳しすぎるのはよくない。
　　5．日本の友達と一緒に旅行したのをきっかけに，私は中日の文化の違いに興味を持つようになりました。

十、1．日本の都は長い間，京都であったから。
　　2．食べないで帰ったほうがいい。
　　3．もちろん冷たくしない／冷たい扱いをしない。

第8課
メイド・イン・ジャパン

本课重点：

一、コミュニケーション表現
1．いいんじゃないですか。
2．へえ，だから大人も読むというわけだね。
3．ちょっと見てみたいな。貸してくれる？

二、文法
1．接续词　と言っても
2．副助词　なんか
3．感叹词　へえ
4．こそあど系列词汇⑩　こういうふうに　　そういうふうに
　　　　　　　　　　　ああいうふうに　　どういうふうに
　こそあど系列词汇⑪　このように　　　　そのように
　　　　　　　　　　　あのように　　　　どのように

三、文型
1．～か～ないかのうちに～　　　2．～ばかりか，～
3．～に夢中だ　　　　　　　　　4．～せいで，～
5．～から～にかけて，～　　　　6．～を通じて，～
7．～てもかまわない

四、言葉の使い方
1．検討　　　　　　　　　　　　2．どんどん
3．まったく　　　　　　　　　　4．貸す

一、知识链接

1. 补充讲解

（1）"〜かもしれない"和"〜だろう"

同样表示推测，但相对而言，"〜だろう"的可能性比较高，而"〜かもしれない"的可能性相对小一些。也就是说"〜かもしれない"在意识到另外一种情况也可能同时出现时，推测说"〜の可能性もある/也有这种可能"，所以确信度要比"〜だろう"低。

尽管如此，"〜かもしれない"的使用范围非常广，从真实性接近于零，到可靠程度达到百分之七八十均可以使用。可以说包括了"〜に違いない/一定、准是"所不能表达的所有场合。其可靠程度的高低常常与一起使用的副词相呼应，常用的副词有"ひょっとしたら"、"もしかすると"、"あるいは"、"たぶん"等。

另外，"〜かもしれない"还带有虽然不希望，但所叙述的事态还是有可能发生的语感。而"〜だろう"则没有此类用法。

例：① 午前中，ひょっとしたらお客さんが来るかもしれない。/上午也许会来客人。

② だめかもしれない。でも，もしかするとうまくいくかもしれない。/可能不行，不过也可能挺顺利的。

③ 上海出張は課長と二人で行く予定だが，あるいは私一人になるかもしれない。/按计划我和科长一起去上海出差，也许会变成我一个人去。

④ たぶん彼は北京で就職するんだろうな。/也许他会在北京就职。

⑤ 彼のことだ。この難しい仕事を立派にやりとげるだろうと，みなが期待している。/他肯定行，大家期待着他一定能把这件难事做好。

（2）"まったく"和"全然"

课文中出现的"まったく"表示"实在"、"真"、"简直"、"完全"，后续肯定的表达方式。

例：① まったく夢のようです。/简直就像做梦一样。

② まったく同じです。/完全一样。

该词后续否定形式时，意思与"全然"相近，表示判定、断定某一动作、状态、事态等没有发生或不成立。相对来说，"全然"比"まったく"更口语化一些。

例：③ 日本語は少し分かるけど，韓国語は全然分かりません。/日语还会一

点儿，韩国语一点儿都不懂。）

④ 昨日習った単語は全然覚えていません。/昨天学习的单词一点儿都没记住。

"全然"一般后续否定形式，即便是肯定形式，表示的也是完全否定的语气。

例：⑤ 全然違います（＝全然合っていません）/完全不对。根本不是那么回事

⑥ 全然だめですね（全然よくない）/一点儿都不行

最近口语中有"このレストランは全然おいしい。/这家餐馆非常好吃。"的说法，句尾用的是肯定的形式，表达的意思也是肯定的。我们学习者应该知道有这种现象，但最好不要轻易模仿。

（3）"貸す"和"借りる"

本课的"言葉の使い方"中讲解了"貸す"的用法，其中提到了"借りる"。日语中成对的自他动词有很多，但动词前使用的助词不同，可以作为一个重要标志，引起学习者的注意。如："仕事を見つける/找工作"和"仕事が見つかる/找到工作"，而"貸す"和"借りる"却不同，它们都以"～は（が）～を動詞"的形式出现，译成汉语时也都一样，如："貸す"和"借りる"都可以译成"借"，但结果却是相反的。日语中有几组这样的词，这里介绍如下常用的几组词，并只限于介绍其最基本的意思。

首先是"貸す"和"借りる"。

例：① 辞書などは「持ち込み可」なのに，彼女は持ってこなかったので，私は自分の電子辞書を彼女に貸してあげた。/（考试时）本来是可以带辞典的，可是她忘带了，我把自己的电子辞典借给了她。

② 子供時代の友達だから，僕もたいへんだが，君のために力を貸そう。/我们从孩提时代就是朋友，虽然我也难，还是为你出点力吧！

③ あの人は銀行から資金を借りて，今の会社を興した。/他从银行贷款，办起了现在的公司。

④ この場をお借りして，一言御挨拶を申し上げます。/借这个机会，我来讲两句。

例①②是用于把属于自己的物品等借给他人，例②的"自己的物品"是抽象的。例③④用于使用他人的财物，例④也更倾向于抽象的意思。从以上解释可以看出，"貸す"的主体是"借给者"，即把自己的财物等借给他人；"借りる"的主体是"借出者"，即自己借用他人的财物等。

我们再来看一下"預かる"和"預ける"。

例：⑤ お客さんが帰国するまで、貴重品を預かっておくことになっている。/到客人回国为止，贵重物品是由我们来保管的。

⑥ 姉の留守の間は、私が姉の子供を預かっている。/姐姐不在其间由我来照顾她的孩子。

⑦ 医者は人の命を預かる仕事なので、責任重大だ。/医生的工作是掌握他人生命的，因此责任非常重。

⑧ 母の時代は保育園に赤ちゃんを預けて、仕事に出ていたそうだ。/听说妈妈的时代，是把婴儿托给幼儿园，自己去工作的。

⑨ この問題は君に預けるから、何とかしてくれ。/这个问题就交给你了，你好好干！

从例句⑤⑥⑦的意思可以看出，"預かる"是把他人的物品、钱财甚至生命放在自己身边，肩负代人保管和管理的责任；和⑤⑥⑦相反，"預ける"表示的是把自己的物品、钱财甚至生命托付给他人代管和管理。例句⑧⑨即是。

还有一组是"授かる"和"授ける"。"授かる"表示从敬仰的神灵或高师那里得到赐予或传授；"授ける"表示上苍、神灵或高师把称号、物品等赐予达到某个高标准的人。

例：⑩ 神から女の子を授かった。/神灵赐予了我们一个女孩。

⑪ 師匠が弟子に秘伝を授けた。/师傅向弟子传授了秘传。

⑫ 日本では毎年、天皇から各領域ですばらしい業績をあげた人に勲章を授ける儀式がある。/在日本，每年都有天皇给在各个领域取得优秀成绩的人颁发勋章的仪式，'

考考自己：在下列句子的_____处填入"貸す"、"借りる"、"預かる"、"預ける"、"授かる"、"授ける"中的一个，完成句子，并翻译成汉语。

① 電車の運転手は乗客の命を_____っていることをいつも忘れてはいけない。

② 普通の人は今でも銀行にお金を_____方法が一番安全だと思っている人が多いようだ。

答案：① 預か／电车司机必须时刻牢记他肩负着乘客的生命。
② 預ける／大多数普通人现在还是认为把钱存在银行里最安全。

③ ちょっと紙と鉛筆をお_____しますので、連絡先をお書きください。
④ ぜひ君の知恵をお_____したいと思います。
⑤ 天が私に幸せを_____てくれた。
⑥ 弟子は師匠から秘伝を_____。

2. 词汇趣谈
有关"あぶら"的惯用语

日语中，"あぶら"的汉字可以写做"油"和"脂"。前者为液体状，后者为固体状。除了指"油"以外，还有"干劲"、"能量"等意思。跟"油"有关的惯用语有"油が切れる/力气用完，精力衰竭"、"水に油/水火不相容、格格不入"、"油を差す/鼓励、打气"、"火に油を注ぐ/火上浇油"，还有"油を絞る/原意为榨油，后引申为严厉责备、谴责、狠狠教训"。

而"油を売る"则不能从字面上理解，汉语是"磨洋工"、"工作偷懒"的意思。据说这种说法起源于江户时代。在江户时代，无论男女都要把长发盘起来，要盘头就必须用发油。这里的"油"指的就是发油。因为发油黏性比较大，为了把发油都灌进买主家的容器里，总是要花不少时间，于是油贩们常常会跟买油的妇人们边攀谈边等待发油的最后一滴滴完。后来"油を売る"就变成了现在的意思了。

另外，还有一个惯用语是"脂が乗る"，基本意义是"鱼肥"、"长膘"，也表示"干得起劲儿"、"特别好吃"等意思，这种意思不能写成"油"。

3. 文化趣谈
关于"おたく"

"おたく"就是我国年轻人常说的"御宅族"。由该词的汉字写法（敬语接头词「御」+「宅」）可知，该词本义是对别人府上的敬称，后来演变为直接指对方的第二人称尊他词，再后来其表敬意义渐弱，成为了一个普通甚至略带蔑视的人称代词。

社会评论家中森明夫在1983年为《漫画ブリッコ》杂志上撰写专栏"『「おたく」の研究』"时，首次使用"おたく"一词称呼狂热的动漫爱好者。起初由于一些

负面事件的发生及媒体相关报道，这个词意义十分消极，但随着经济发展及电子音像制品愈加流行，"おたく"渐渐为大众所接受，不仅消极意味消失，其意义范围也扩大到游戏、模型等众多领域。

可以说，每一位"おたく"都有自己的特点，关注的事物也不尽相同，但总体来看，他们都具有以下特征：

（1）对本职业以外的某一领域有狂热爱好及深入研究；

（2）擅长资料搜索；

（3）不易满足，表现欲强。

近几年，我国也出现了很多以"おたく"自诩的年轻人，有兴趣的人可以登陆www.zhainei.com和www.cnotaku.com这两个网站作进一步了解。

二、中国人的学习难点

"～から～まで"与"～から～にかけて"的区别

两者可构成形式相同的句子，表示时间、空间的范围，相当于汉语的"从……到……"，但含义稍有不同，适用的范围、场合不同。

接续时间名词、时间数词、场所，表示时间、地域范围时，"～から～まで"表示从A到B这一段时间和场所，终止的时间、地点的界限比较清楚，"～から～にかけて"表示横跨A、B这两个时间、地点之间，终止时间、地点不是很清楚。

例：① 会議は2時から6時まで行われた。/会议从2点开到6点。

② 会議は2時から6時にかけて行われた。/会议从2点开到6点左右。

③ 北京から天津までの高速列車の時間は60分だ。/北京到天津的高铁的时间是60分钟。

④ 今度の地震は西から東にかけて、何千キロもの地域に及んだ。/这次地震从西到东波及几千公里。

三、参考译文和练习答案

1. 参考译文

第8课 日本制造

课文 顾客就是上帝

　　日本产品的特征在于始终追求消费者的使用方便和对产品的需求，同时还特别重视设计的美观。比如，装酱油的瓶子，装油和茶的塑料瓶等的设计总是不断变化。是否携带方便，是否立得稳，盖子是否容易拧上，里面的东西是否容易倒出来？力气较弱的老人是否能够方便打开，是否过重不好携带？这样的问题在商品上市之前已经进行了充分的研究，即使是上市后，为了更加完善，通常会继续改进。

　　就这样，企业总是考虑消费者的需求，所以会很快做出以往没有的东西。（帮助老年人行走的）"银色车"也是其中之一。这个产品好像现在只有日本才有。"银色车"是给独立行走稍有困难的老年人用来边推边行走的车。这样的产品最早出现在20世纪70年代。某企业看到腿脚不好的老年人搬出过去给小孩子使用的婴儿车边推边走，从中得到启示，做出了银色车。推着它行走的话，既不容易摔倒，还可以把重东西放在车里。还有一种设计是疲劳的时候可以坐在上面。

　　最初的银色车过大过重等等，有很多缺点。但是，银色车刚一面市，就不断被改良，变轻、变结实了。不仅如此，也增加了时尚性。虽说如此，使用银色车的大多是女性，男性还是对它敬而远之。据说现在正在研发男性也可以使用的银色车。或许将来还会出现品牌银色车。

　　企业就是如此热心地调查消费者需要什么，然后制造出符合他们需要的东西。对于他们付出的努力，我们不得不感叹。

会话 经营学的漫画

　　齐藤健和王科长正在一起吃午饭。
王科长：我的孩子13岁，最近看的净是漫画和动画。
齐藤健：有什么不好吗？我那个时候也看动画看得入了迷。
王科长：但是，就因为这个最近成绩下降了。
齐藤健：我明白，因为一开始看动画，就不想学习什么的了。
王科长：你迷漫画迷到了多大？
齐藤健：出人意料的短。从小学3年级到4年级一直沉迷于动画中。不过，马上又开始热衷于游戏了。

王科长:（失望地）这样啊。
齐藤健:在日本,通过漫画可以了解很复杂的知识哦。宪法啦,论语的漫画也有。
王科长:欸,难怪大人也看呐。
齐藤健:也不能说大人光读那些吧。经营学的漫画也有,我就有20来本。
王科长:那种东西,没有什么用处吧。
齐藤健:谁说的。我通过动画了解到经营学的实际内容。其实,来中国的时候,我还特地带了几本来呢。
王科长:……这样啊。我也想看看,能借给我吗?
齐藤健:当然我借给您也没有关系,但是最好别被您的孩子看到啊。

2. **练习答案**

二、1. ① 酒はもう飲まないよ
  ② 時々飲んじゃう（飲んでしまう）んだけどね
  2. ① 貸してあげてもいいけど，必ず来月までに返してほしいんだ

三、1. 追求　　　2. 検討　　　3. 熱心
  4. 都　　　　5. 論語

四、1. せいせき　2. とうじょう　3. しょうひしゃ
  4. にもつ　　5. けいえん

五、1. と　　　　2. に，か　　　3. の，に
  4. に，に　　5. は，に

六、1. 失敗してしまいました
  2. なかなか続きそうにありません
  3. 作ればいいんですか
  4. 電話が鳴りました
  5. 気分も悪かったです

七、1. レポートが終わるか終わらないかのうちに，パソコンが壊れました。
  2. スポーツが得意なばかりか，楽器も何種類もできます。
  3. 食べ過ぎたせいで，お腹を壊しました。

八、1. b　　2. a　　3. b　　4. b
  5. a　　6. d　　7. c　　8. b

九、1. このアニメは子どもばかりか，大人も好きみたいだ。

2．違った意見があったら，遠慮なくどんどん出してかまいませんよ。
3．貸してくれたあの本は非常に役に立ちました。
4．彼は1年で日本語をこんなに上手に話せるようになりました。彼の努力にまったく感嘆してしまう。
5．そのことはあなたたちのせいではありません。まったく私自身のせいです。

十、1．消費者の使いやすさとニーズを徹底的に追求している所にあると言っている。
2．足が弱くなった老人が昔，子どものために使った乳母車（ベビーカー）を持ち出して，押して歩いているのを見たことをヒントにした／にして作った。
3．① 男性にも使ってもらえるようなデザインのシルバーカー
　　② ブランドもののシルバーカー

第9課
企業研究

本课重点：

一、コミュニケーション表現
1. 皆さんに配ったレジュメの2ページの上のグラフを見てください。
2. ちょっといいですか。
3. あっ，失礼しました。
4. 恐れ入りますが，訂正をお願いします。
5. では今度私から，三菱グループの結束力について調べた結果をお話ししたいと思います。

二、文法
1. 后缀　以上
2. 接续词　その一方で
3. より
4. 构词动词　合う

三、文型
1. ～の下に，～
2. ～を～という
3. ～をはじめとする～
4. ～と言うと，～
5. ～として，～
6. ～つつある

四、言葉の使い方
1. いく　　　　2. 変わる　　　　3. だんだん

一、知识链接

1. 补充讲解

（1）"～はもちろん，～"

"～はもちろん"接在名词后面，表示该名词所指称的是具有代表性的事物，后续的名词所指称的是其同类的其他事物。可译为"……自不必说，……"。

例：① その時は，お風呂はもちろん，顔を洗う水さえありませんでした。/当时别说洗澡了，就连洗脸水都没有。

② 料理はもちろん，ケーキも作れますよ。/做菜就不用说了，连蛋糕都会做。

③ 明日のテストですが，単語はもちろん，読解もあるので，よく復習しておいてください。/明天的考试不仅有单词，还有阅读理解，所以请好好复习。

（2）"一方"的用法

"一方"有两种用法。课文中的用法是"Ｖる一方だ"，表示"不断增强的势头"，多用于消极的事情。这里的动词多为非自主动词。

例：① 今は中東の問題などでガソリンの価格があがる一方だ。/现在由于中东问题等原因，汽油的价格不断上涨。

② 飲酒やタバコのため，あの人の健康状態は悪化する一方だ。/由于饮酒和吸烟，那个人的健康状况不断恶化。

"一方"还可以接在动词词典形，或者接在"その"后面，多以"一方で"的形式表示除了前面叙述的那种情况以外，同时还存在另外一种情况。可译为"而另一方面"。

例：③ 人々の生活は便利になった。その一方で地球の環境は悪化している。/人们的生活方便了，而另一方面环境越发不好了。

④ 一人暮らしは自由である一方，話し相手がいなく，さびしい時もよくある。/独居生活很自由，而另一方面因为没有交谈的人，经常感到冷清。

（3）"全部で"中"で"的用法

课文中出现了"社長会は全部で５種類ありますが……"的句子。这里的"で"是格助词，接在表示数量、期限等词后面，表示"期限"、"范围"和"限度"等。

例：① このシーズンの公演は明日で終わりだ。/这季的公演明天就结束了。

② 野球は９人で１チームだ。/棒球是９个人一个队。

③ イベントのプランは3日で仕上げると約束したから、今夜の12時が締め切りだ。/我已经保证3天完成这次的活动计划，今夜12点是截止时间。

④ いよいよ明日でお別れだ。寂しいな。/明天就要分手了，我感到很寂寞。

2. 词汇趣谈

"重厚長大"

"重厚長大"是经济学用语，指代钢铁、土木建筑、造船等产业，或表示这些产业的特性，其产品多具有重、厚、长、大等特征。近代以后，日本经济依靠这些产业获得了巨大的发展。

到了20世纪70年代，日本的重点产业发生了转型，与"重厚長大"对应，出现了"軽薄短小(けいはくたんしょう)"的说法。电子工学、电脑等IT产业逐渐取代了前者，成为推动日本经济继续领先世界的重心。

3. 文化趣谈

日本动漫从亚文化变成为正式文化

日本动漫被称为"Japanimation"，在全世界拥有大量的追崇者。日本动漫其迷人的故事情节，以及具有强大的技术力量作后盾的表现力，长期以来在日本国内外都得到了高度的评价。但是，这些评价总归不过是停留在亚文化的框架之中，几乎没有被作为艺术，真正从正面得到评价。但是，近年来，情况呈现出转变的趋势。在"最高学府"的大学以及研究生院，从学术侧面解读动漫或漫画的活动非常活跃。30多年前被认为是"面向小孩子"的动漫及漫画概念，今天正在发生巨大的变化。

2008年春天东京艺术大学研究生院映像研究科（横滨市）设置了动漫专业，这可谓是个象征性的事件。以往私立大学曾有设置冠以漫画或动漫的学部或课程，而国立大学则是首次。此外，把动漫设置在日本第一流水平的艺术系研究生学院里具有重大的意义，可以说是对动漫的学术性研究给予了

"国家文凭"。

对象为艺术专业大学毕业生以及实际从事动漫制作现场工作的人,设置了立体动漫、平面动漫、企画构成、故事构成四个领域。研究生课程的2年学习期间,学生每人要制作2部作品。指导教官有曾经获得美国奥斯卡奖提名的短篇动漫《头山》的制作者山村浩二等活跃在第一线的人材。通过实践性制作指导,培养下一代创作人才,展开有关"作为文化的动漫"的探讨并上升到理论等。

在日本,原有京都精华大学于2000年创设的漫画学科,以及东京工艺大学、大阪电气通信大学等设置有教授动漫或漫画的学科或课程。2008年春天,学习院大学研究生院以及名古屋造形艺术大学也准备创建漫画班级等。

另外,在东京、大阪设有校舍的"VANTAN CAREER SCHOOL"还新开设了"Cosplay专门学科",指导制作特别衣装以及化特殊彩妆等技能。亚文化今天正在各种场合向正式文化升华。(摘自网络杂志《日本新潮流》http://web-japan.org/trends/cn/08_culture/pop080206.html)

二、中国人的学习难点

"～として"与"～にとって"

"～として"接在体言的后面,表示资格、立场、种类、名目等。相当于汉语的"作为……"、"以……资格"、"以……立场"。

例:① 学生代表として、大会に出席した。/以学生代表的身份出席了大会。

"～として"的谓语还可以是形容词、名词或"知られている",表示某种状态的名目。

例:② その絵は芸術作品としては価値がないが、事件の記録としてはたいへん珍しい。/那幅画作为艺术品没有什么价值,但作为事件的记录确是很难得的。

③ あの方は大学の教授としてより、むしろ小説家としてのほうがよく知られている。/他与其说作为大学教授,不如说作为小说家更有名。

"～として"修饰名词时用"～としての"的形式。还可以用"～として

は"的形式，前面的名词多为表示人物或组织的词语，用来表示对谓语动作、状态进行判断的立场或个人观点，其中，"は"是不能省略的。相当于汉语的"作为……"。

例：④ 8万円の生活費は大学生としては多くないといえる。/作为大学生，8万日元生活费可以说不多。

⑤ 私としては山田さんの意見に賛成です。/作为个人我同意山田的意见。

与"～として"的形式比较相近的有"～にとって"，二者意思不同，但经常被学习者混淆。因此，在这里再强调一下"～にとって"的用法。"～にとって"后续的句子大都是表示判断的句子，除名词外，还经常使用形容词。相当于汉语的"对……来说"。

例：⑥ 人間にとって一番大切なものは愛です。/对于人来说，最重要的是爱情。

⑦ 海外旅行は中国人にとって，もうめずらしいことではなくなりました。/国外旅行对中国人来说，已经不是什么新鲜事儿了。

⑧ この問題は３年生にとって少し難しいかもしれない。/这个问题对3年级学生来说，似乎难了一些。

"～にとって"一般不能用后续类似"賛成だ"、"反対だ"等表明态度的句子或表示叙述的句子。

例：×その案は私にとって反対です。

×私にとって毎日サッカーをします。

> **考考自己：** 在下列句子的_____处填入"～として"或"～にとって"，完成句子并翻译成汉语。
>
> ① 戦争は一国家の危機であるばかりか，全人類_____の危機だ。
> ② 親_____の意見をぜひ聞かせて下さい。
> ③ あの人は私_____命の恩人でございます。
> ④ わたしは趣味_____バイオリンを習っています。
> ⑤ 豆腐はダイエット食品_____知られている。

答案：① にとって 战争不仅是一个国家的危机，对于全人类来说也是危机。
② として 请务必让我听听您作为父母的意见。
③ にとって 那个人对我来说是救命恩人。
④ として 我作为兴趣在学小提琴。
⑤ として 豆腐作为减肥食品为人所知。

三、参考译文和练习答案

1. 参考译文

第9课　企业研究

课文　集结在"三菱"名义下——家族企业主义

　　三井财阀、三菱财阀和住友财阀并称三大财阀。不过在日本，现在已经没有财阀了。战后，GHQ已经解散了所有的财阀。没有日本人不知道三菱的"三个菱形"的标志。拥有（三个菱形）标志的三菱从明治时代以来的一百多年，一直从事着以船舶、飞机和矿山行业为主的日本重工业产业（的制造）。

　　现在"三菱财阀"已经变成了"三菱集团"这样一个集团企业。从狭义上来考虑，三菱集团共有29家公司。其代表是三菱商事，三菱重工业，三菱东京UFJ银行。如果从广义上来考虑，有200家以上的企业属于这个集团公司。现在，三菱集团在日本的船舶、飞机、核能、环境设备、升降机、玻璃、石油等产业领域都位居首位。

　　三菱财阀与其它财阀不同，一直到战败，创业家族的岩崎家族管理着的不光是总公司，还有70家以上的关系公司。而另一方面，三菱公司创业后很早就开始从东京大学、庆应义塾大学等学校的毕业生中招募优秀学生进入公司。在明治时期，接受了当时最新的西方教育的大多数年轻人，如果说进入三菱集团发生了什么变化的话，那就是没有想到自己的家族经营理念得到了进一步的加强。那是因为，大学毕业的职员们感谢公司像接纳自己的家人一样接纳了自己，他们以一种儿女向父母报恩的心情在工作。也就是说，三菱以"家族企业主义"的传统发展至今。

　　家庭中如果有人有困难，大家互相帮助是理所当然的事情。集团中如果某家公司有了困难"（大家都会）尽可能的购买他们的产品"。对于发生社会性问题而陷入困境的公司"（大家都）自己稍苦一点儿也要伸出援手"。这种"家族企业主义"的理念在作为财阀的三菱消失了60年后的今天，依然在保持着。

会话　研究班的成果报告

　　张静的小组在经济学史的课上正在做关于三菱集团的发展介绍。

田　中：战后，财阀按照GHQ的意图解体后，形成现在6大集团企业。请看发给大家的摘要第2页上方的图表。这个表表示的是在整个日本经济体系中，6大企业集团的销售额有多少。那么，从这儿开始由张静说明。

张　静：好。从这个图表我们可以得到如下的信息。首先，销售额整体在下降。就是说，企业集团的凝聚力正在逐渐减弱。6大集团企业的销售额在平成元年，也

就是1989年，曾占日本经济整体的17%，与10年后的数字相比较，滑落了约11%。

　　那么，三菱集团和三井、住友集团一样，集团企业的凝聚力都在不断减弱吗？答案是，也是否。

　　请看摘要第3页的表Ⅱ。

学生A：（举手）打断一下可以吗？第3页的表，写的是表Ⅲ……

张　静：哎呀，对不起。应该是表Ⅱ。抱歉，请改一下。

　　这是各集团企业的总经理加入的总经理会一览。只有集团内有权威的企业才能加入这个总经理会。总经理会一共有5种，三菱以外的总经理会的会员，并不是很强烈地希望集团企业继续维持，（但是）我们可以看出，只有三菱集团的总经理会的会员还是很企盼（集团企业的）继续维持。

木　村：那么接下来由我来介绍关于三菱集团凝聚力的调查结果。

2．练习答案

二、① 一番狭い考えでいけば，そうです
　　② 強くは望んでいないけれど

三、1．財閥　　　　2．担　　　　　3．代表
　　4．結束力　　　5．訂正

四、1．みつびし　　2．さんぎょう　3．ぎんこう
　　4．そうぎょう　5．こと

五、1．を，を　　　2．と，も　　　3．でも，の
　　4．は，は／も　5．のに，×／も

六、1．遊びもよくする
　　2．「チンジャオロース」と言う
　　3．治っていない
　　4．不景気の
　　5．つくりましょう

七、1．日本の輸出品は自動車をはじめとする工業製品が多いです。
　　2．日本の京都と言うと，古いお寺の多い町だということが頭に浮かんできます。
　　3．ここ数十年，中国経済は早いスピードで発展しつつあります。

八、1．b　　　2．a　　　3．c　　　4．d
　　5．b　　　6．d　　　7．b　　　8．a

九、1．彼女は母としても，妻としても，すばらしい女性だ。
　　2．天安門をはじめとする立派な建物は，このあたりに集中しています。
　　3．経済の発展につれて，中国人としてのプライドがだんだん高くなりつつある。
　　4．彼女は毎日野菜しか食べないのだから，痩せたわけだ。
　　5．先生の厳しい指導の下に，私たちの日本語は大きな進歩をした。

十、1．船舶，航空機，鉱山業などをはじめとする重厚長大型産業を担ってきました。
　　2．一番狭い考え方によると29社，一番広い考え方でいけば，200社以上あります。
　　3．彼らが自分たちを家族のように受け入れてくれる会社に感謝し，子どもとして親に恩を返す気持ちで働いたからです。

第10課
異文化

本课重点：

一、コミュニケーション表現
1. ちょっと貸して。
2. 何かしてもらったら，「ありがとう」って言うべきじゃない？
3. 私だったら「ありがとう」って言うけれどな。
4. 君には，毎週うちの犬の散歩までしてもらって悪かったな。
5. とりあえず日本に帰ってくるけれど，また戻って来たいんだ。
　——うん，必ず戻ってこいよ。待ってるよ。

二、文法
1. 提示助詞　でも④
2. 使役被动助动词和使役被动态
3. 副助詞　まで
4. 感叹词　いやいや

三、文型
1. ～ことはない　　2. ～かのようだ
3. ～も～ば，～も～　4. ～て（で）ならない

四、言葉の使い方
1. 気にする　　2. 気になる
3. しみじみ　　4. とりあえず

一、知识链接

1. 补充讲解

（1）《论语》中的名言名句

《论语》中有很多名言为日本人熟知。日本的初高中国语教科书中涉及了相当数量的古代汉语，其中《论语》就占了较多的篇幅。除了课文中介绍的「和して同ぜず」等之外，以下介绍一些常见的名言名句。

温故知新（おんこちしん）/温故知新

任重くして道遠し（にんおもくしてみちとおし）/任重道远

己の欲せざる所は人に施す勿れ（おのれのほっせざるところはひとにほどこすなかれ）/己所不欲，勿施于人

敵を知り己を知れば百戦殆からず（てきをしりおのれをしればひゃくせんあやうからず）/知己知彼，百战不殆

朋あり遠方より来たる、亦た楽しからずや（ともありえんぽうよりきたる、またたのしからずや）/有朋自远方来不亦乐乎

（2）日语当中的"気"

本课中出现了"気にする"、"気になる"的用法，日语中带"気"的词组很多，从中也可以窥见"时刻注意自己与他人之间关系"这一日本文化的特征。这些词组有时很难翻译出对应的汉语，需要在特定的语境中慢慢体会。下面介绍几个常用的词组：

① 気が合う　　　　　　例：彼とは気が合いそうだ。/和他好像对脾气。

② 気がいい　　　　　　例：彼女は気がよくて、だれとでも仲良くできる。/她性情温顺，和谁都处得很好。

③ 気が利（き）く　　　例：迎えに来ないとは気が利かないやつだ。/也不来接一下，真没眼力劲儿。

④ 気が気でない　　　　例：約束の時間に遅れはしないかと、気が気でなかった。/就怕赶不上约定的时间，以至于坐立不安。

⑤ 気が散る　　　　　　例：騒音のために気が散る。/由于噪音，精神不能集中。

⑥ 気が遠くなる　　　　例：考えても気が遠くなるような広大な計画だ。/这是个连想想都会犯晕的庞大计划。

⑦ 気に障（さわ）る　　例：何が気に障ったのか、彼は急に黙り込んでしまった。/不知是什么让他不高兴，忽然沉默了下来。

⑧ 気は心　　　　　　　例：気は心だから、わずかでも謝礼をしておく方

がいい。/这是一点儿心意，还是送点儿小礼物好。

⑨ 気を配る　　　　　　例：失礼なことがないように、気を配って客をもてなす。/为了不失礼，在尽心地照顾客人。

⑩ 気を遣（つか）う　　　例：よそでは気を遣うことが多くて、気疲れしてしまう。/在外面操心的事儿很多，很累心。

（3）"ありがとう"与"すみません"

本课课文里讲到日本人总爱把"ありがとう"挂在嘴边上，这是其习惯使然，无可厚非。俗话说"入乡随俗"，如果我们生活在日本社会，也应该遵循其习惯。其实，除了"ありがとう"外，日本人还爱说"すみません"。"すみません"除了用于道歉，相当于汉语的"对不起"之外，还有和"ありがとう"一样，用于表示感谢，而且比"ありがとう"显得更加谦恭。比如：长辈为晚辈做事，包括在研究室老师为学生倒茶，那时多用"すみません"表示感谢；再如：在公共场所，有人提醒你东西掉了等，那时也习惯用"すみません"。这时的"すみません"含有"为我的事情给你添麻烦了"之意，所以有人也会说："すみません，ありがとうございました"。

2. 词汇趣谈

"水"的特殊用法

日语中"水"的原意跟汉语一样，其引申意义中有的似乎没有特别的关联，以下介绍一些用法。

水飴（みずあめ）/糖稀、麦芽糖　　　　水入らず（みずいらず）/无外人、全是自家人
水色（みずいろ）/蔚蓝色、淡蓝色　　　水掛け論（みずかけろん）/抬杠、无休止的争论
水虫（みずむし）/脚气　　　　　　　　水（みず）を打ったような/鸦雀无声

3. 文化趣谈

依然令人瞩目的"秋叶原"

"秋叶原"是地名，位于东京千代田区，早些时候以密集的大型电器商店云集而闻名。近年来，是动漫、游戏、动漫女仆咖啡店等"おたく文化"的中心地，被全世界广为知晓。最近，又出现了一个新词，叫"あきば文

化"，与"秋叶"的日语读法谐音。现在，让我们来看一看这一条始终向世界传播着各种各样"おたく文化"的街巷！

秋叶原本来交通方便，是批发业兴隆的地方。第二次世界大战后，黑市繁荣，其中，很多商店经营电气零部件，之后，发展成为家电街。电脑以及音响的爱好者们聚集在这里，这儿是他们可以找到无线产品零件材料的地方。

近年来，配合"おたく"的需求，经营同人杂志以及动漫产品的商店开始增多。最近，还推出了"Oden（おでん）罐头"、"拉面罐头"和"Udon（うどん）罐头"等罐头系列独特的商品。此外，动漫女仆咖啡店的出现，使这里面貌一新，成为"おたく文化"的圣地。现在，这里已经成为"提起'おたく'便是秋叶原"，这种"おたく文化"已经传播到了全世界的各个角落。

很多访问日本的外国观光客人慕名来到这里。日本观光旅行产业集团联合会免费向外国观光客人介绍秋叶原，每周举办"秋叶原新发现旅行团"。这是用英语做向导的逛街团，受到了外国观光客人的欢迎。

最近的秋叶原，比起家电更热闹的是陆续新出现的"女仆"类型的商店，非常昌盛。其始祖是动漫女仆咖啡店。动漫女仆咖啡店是指店员身穿女仆服装进行Cosplay的咖啡店。客人在这里变成"主人"被伺候着。只要支付追加费用，就可以让中意的"女仆"给自己唱歌听，或者让她听自己唱歌，还可以只有两个人在一起说话。从这里派生出来，有的店可以让身穿女仆服装的店员给客人掏耳屎，或洗头发，按摩反射疗法的相关服务也取得了巨大的发展。这样一来，女仆服成为了秋叶原的制服。

当然，也有面向女性的商店。在这里，质朴的"管家"伺候"女主人"。此外，还有的商店店员装扮成"见习魔法师"等等，产生出了各种各样的扩展店。有店员态度强硬"蛮横不讲理"的店，有店员和客人的关系像"大哥哥或大姐姐"以及"小妹妹"的店等，以满足各种各样的顾客层的需要。这些都是按"おたく"爱好的动漫人物来模仿设定的。

> 希望你到日本的时候，一定要亲身感受一下秋叶原的一点一滴。那样，你也可以步入秋叶原文化创造者的行列。已经出现有女仆为你挑选特产的商店，所以，在秋叶原购买礼品，也别有一番情趣。(摘自网络杂志《日本新潮流》http://web-japan.org/trends/cn/index.html)

二、中国人的学习难点

使役被动态的翻译

日语中的使役被动态译成汉语时可以灵活掌握，重要的是要表达出"被迫……"，"不得不……"的语气。以下补充介绍一些例句。

例：① 子供のときに、嫌いな体操教室へ行かされました。／孩子时，迫不得已地去了讨厌的体操班。

② きのうは新しい単語を100も覚えさせられました。／昨天，迫不得已记了100个新单词。

③ 妹は母が忙しいときに、よく母に料理を手伝わされました。／母亲忙的时候，妹妹没办法只好经常帮助妈妈做饭。

④ 先週の日曜日、クラブで2時間も走らされました。／上星期天参加俱乐部活动时，我被要求跑了2个小时。

⑤ 昨日は、お母さんに3時間も勉強させられた。／昨天妈妈逼着我学习了3小时。

⑥ 父親に雨の中をタバコを買いに行かされた。／父亲让我冒着雨去买烟。

三、参考译文和练习答案

1. 参考译文

第10课　异国文化

课文　和而不同

3年前，在经历了痛苦的考前复习后，我如愿以偿地考上了现在的大学。我原以为能很快结识很多朋友，开始愉快的大学生活，但实际上并不是这样。日本学生你搭话

他会有回应，但是不会因此而熟悉起来。我总感觉自己在教室就像空气一样，谁都知道有空气，但谁都不会在意它。那个时候，我曾持续几个月头痛。我想原因就是大学生活和我原来想得并不一样，以致精神紧张。

不过，现在回想，在大学最初的一年里，几乎（整日）都是一个人的生活，这对我精神的成长很有帮助。我可以观察日本人，反省自己，而且不得不思考自己在这里应如何生活下去。

升入3年级后，我有了关系很好的朋友。我和她既吵架，也互相交谈自己的烦恼。对于中国，她什么都不了解，似乎只是因为喜欢上了我这个人。

比如说，我和她关系变好后，我开始不对她说"谢谢"了。作为我来说是理所当然的事情。对关系亲密的朋友，每天还要说"谢谢"不是很奇怪吗？但是，她就连借我的圆珠笔时，也要特意地说"稍微借一下"，用完后还会说"谢谢"。我感觉她还没有把我当成真正的朋友，所以很悲伤。

另一方面，她却多次对我说"如果得到了帮助，是否应该说声'谢谢'呢？""如果是我，会说'谢谢'的"。我对她说在中国，感情很好的人之间，还每件事都说谢谢，会让人觉得很见外。因为彼此都知道了这种情况，所以就不在意对方的态度了。

有"和而不同"这么一个词。文化背景不同的人之间容易产生不和谐。我体会到了解对方文化，抱着相互尊重的态度相处，小小的不和谐也是可以战胜的。

会话　回国前夜

齐藤健要回国了。回国的前一天，和陈伟东边喝酒，边亲密交谈。

陈伟东：每周让你带我家的狗散步，实在对不住啊。

齐藤健：没什么！不过，要和可爱的乖乖道别了……

陈伟东：齐藤也有些与众不同啊！要是说两年时间和女朋友散步倒也说的过去，每周和狗散步……

齐藤健：不过，正是由于这个，结识了各种各样的人，还会（用毛笔蘸水在地上）写"地书"了。

陈伟东：啊，是吗？你有在地上写书法的才能。

齐藤健：……不不。这次无论是从工作还是生活方面，我都被中国人的生活方式，语言等深深地打动了。

陈伟东：比如说？

齐藤健：简单地说，是积极享受人生的态度。

陈伟东：是呀。比起日本人，这点是很明显。
齐藤健：当然，这两年，在工作上有过不愉快的事情，也有过棘手的事情，但度过了难关，我深受感动。
陈伟东：原来如此。
齐藤健：我还想在中国工作。我暂时先回日本，可是还想再来。
陈伟东：那，一定回来啊。我等着！（二人干杯）

2. 练习答案

二、① 何か買った客に「ありがとうございました」って言うべきでしょう
　　② ここの店は違うんですよ

三、1．受験　　　2．成長　　　3．観察
　　4．内省　　　5．態度

四、1．そんちょう　2．じっかん　3．ぜんや
　　4．さいのう　　5．せっきょくてき

五、1．でも　　　2．まで，と　3．も，も
　　4．は，に　　5．が，か

六、1．一生懸命に勉強しました／勉強させられました
　　2．よく行った
　　3．しません
　　4．うれしくてならない
　　5．帰らない

七、1．子どもが高い熱を出しているので，母は心配でならない。
　　2．あの人は会社の社長として働きもすれば，小説も書きます。
　　3．頭がふらふらしているので，病気になったのではないだろうか。

八、1．b　　2．a　　3．b　　4．d
　　5．b　　6．b　　7．b　　8．a

九、1．子どもたちが一人前になったので，一々心配することはもうありません。
　　2．とりあえず，できることから始めましょう。
　　3．外国に行ったら，外国語を勉強する重要性をしみじみと感じる。
　　4．部屋は汚くて，まるで何年も人が住んでいないかのようだ。
　　5．そのことに対して，彼女は腹が立ってなりません。

十、1．今は勉強が苦しいが，入学した後はすぐ友人がたくさんできて，楽しい大学生活が始まると思っていた。
2．自分が考えていた大学生活ではなかったことがストレスになったと思われる。
3．文化的な違いがあっても，「和して同ぜず」と考えている。相手の文化を知り，お互いに尊重する態度があれば，少しの違いは乗り越えられると実感している。

第11課
笑って門を入った私

本课重点：

一、コミュニケーション表現
1. 今さら平仮名なんて！
2. まあ，そう言わずに。
3. ずいぶん肩に力が入っているんだね。疲れちゃうよ。
4. もっと目をうまく使ったら？

二、文法
1. 副助詞　なんか②
2. 助詞的重畳形式　とは
3. 构词动词　（1）終える　（2）始める
4. 接续词　（1）ついでに　（2）だって　（3）ただ
5. 后缀　以降

三、文型
1. ～は言うまでもない　　　2．～かわからない
3. ～ばかりに，～　　　　　4．～からには，～
5. ～ざるを得ない　　　　　6．～んだ

四、言葉の使い方
1. いやいや　　　　　　　　2．くやしい
3. ぽろぽろ　　　　　　　　4．じっと

五、解釈
笑って門を入った私

一、知识链接
1. 补充讲解

（1）～てほしい

形容词"ほしい"表示"希望"、"想要"的意思，接在动词的"て"形后面，表示希望对方或者第三人称进行某种动作或者行为。被希望的对象一般用格助词"に"来表示，在具体的语言环境中，有时可省略。

例：① みなさんに、ここで自分の字をもう一度見直してほしいのです。/在此希望大家重新看一下自己的字。
② あなたに立派な先生になってほしい。/希望你成为一名出色的老师。
③ 来週から遅刻しないように、もう少し早く来てほしい。/从下周起请稍微早点来，不要迟到。
④ 無理をせずにゆっくり休んでほしい。/希望你不要勉强，好好休息。

（2）～ようにして～

接在动词词典形及"ない"形，或者连体词后面，表示方式。接在动词后面时，表示以前面动词的方式或者状态行事。相当于汉语的"像……似地"。

例：① 私は誰とも話さず、飛ぶようにして寮に戻った。/我没有跟任何人说话，飞一样地回到了宿舍。
② 子どもは母親の背中に隠れるようにして、客のおみやげに手を出した。/孩子躲在妈妈身后，伸手接过客人给的礼物。
③ 彼女は真っ赤になった顔を人に見られないように、ずっとうつむいていた。/她一直低着头，不让别人看到她通红的脸。
④ 礼拝はこのようにして行われる。/应该这样行礼。

2. 词汇趣谈

本课出现了"見直す"、"引き受ける"、"書き終える"、"直し始める"、"話しかける"等多个"複合動詞/复合动词"的用法。在语法说明中我们已经讲过了"終える"和"始める"作为构词动词的用法。构词动词的造词能力很强，极大地丰富了日语的动词队伍。其中有的已经作为固定的搭配，被纳入字典当中，还有的没有被纳入词典，而是不断派生新的词汇。姬野昌子在《複合動詞の構造と意味用法》（ひつじ書房1999 p.25）中按照使用频率的顺序，介绍了30个常用的构词动词。在这里我们列举以下10个。

(1) ～出す　洗い出す　言い出す　描き出す　思い出す　貸し出す……
(2) ～得る（うる、える）　ありうる　ありえる　知りうる……

(3) ～始める　言い始める　書き始める　降り始める　やり始める……
(4) ～合う　言い合う　押し合う　知り合う　抱き合う　助け合う……
(5) ～掛ける　食べかける　たちかける　作りかける　問いかける……
(6) ～込む　走りこむ　話しこむ　売り込む　覚えこむ……
(7) ～切る　言い切る　売り切る　貸しきる　困りきる……
(8) ～過ぎる　言い過ぎる　食べ過ぎる　できすぎる　寝すぎる……
(9) ～続ける　思い続ける　描き続ける　乗り続ける　立ち続ける……
(10) ～付ける　植えつける　飾り付ける　責めつける　備え付ける……

3. 文化趣谈

细节文化

很多日本人比较拘泥于细节（細かい所までこだわる）或者说细微之处。本课作者在日本留学时，在第一次课上被老师纠正了"平假名"的写法，在我们看来可以一带而过的、不值得一提的东西，在日本老师的眼中，却是那么的重要，这正体现了日本人的"细节文化"。

俗话说，细节决定成败。把每一件简单的事做好，其实不是一件简单的事情。日本的一些看似不起眼的东西，却恰恰体现了日本人注重细节的文化。比如，我们曾经介绍过的女厕所里的叫作"音姫"的模拟冲水声感应器。另外，这种"细节文化"还体现在一些日常生活小事上。比如，日本人制作的苍蝇拍，不仅可用于拍苍蝇，还附有装死苍蝇的小盒子；有一些人还为指甲刀做了一个套，以免剪指甲的时候指甲屑乱飞等等。

"泰山不拒细壤，故能成其高；江海不择细流，故能就其深。"日本的成功与日本人的这种"细节文化"是密不可分的。日本人的拘泥于细节、以细节为先的做法也为日本国民以及日本整个国家赢得了好评。这种注重细节的精神也是值得我们借鉴的。

（部分内容引自《环球时报》　2007年11月08日）

二、中国人的学习难点

1. "見える"和"見られる"

两者的用法比较和不同已经在初级课文中有所介绍，这里再整理一下。两者翻译成汉语均为"能看见"。下面来看一下二者的相同与不同之处。

○"見える"是自动词，有如下使用方法：

A. 外界的事物自然而然的进入视野，译为"看见"。

① ようやく光が見えた。「やった！助かるぞ！」みんな嬉しくて大声を出し、飛び跳ねた。/终于看见光了。"太好了！得救了！"大家高兴得欢呼跳跃起来。

② 先生の姿が見えないよ。/看不见老师的身影啊。

B. 当客观条件具备时外界事物能自然而然地进入视野，译为"能看见"。

③ 景山に上がれば、故宮の全景が見える。/登上景山，可以看到故宫全景。

④ 今日は雲が一つもないので、富士山が見える。/今天万里无云，所以能看见富士山。

表示这种意思时，可以与"見られる"互换。

○"見られる"是由"見る"变化而成的可能动词。

表示有能力看到和条件许可看到两层意思，可以和"見える"的B的用法互换使用，比如：

⑤ 景山に上がれば、故宮の全景が見られる（見える）。/登上景山，可以看到故宫全景。

⑥ 今日は雲が一つもないので、富士山が見られる（見える）。/今天万里无云，所以能看见富士山。

如上所述，虽然"見える"和"見られる"有时可以互换，但表达的意思略微不同，即"見える"更倾向于"外界的事物自然而然的进入视野"，而"見られる"则更倾向于"有能力和条件许可"的意思。

2. 拟态词

日语中的拟态词比较发达，是一种特殊词汇，其数量多，分布广。如课文中出现的"ぽろぽろ"、"じっと"等。另外，还有："じろじろ/不客气地盯着看"、"ぺらぺら/喋喋不休"、"すらすら/流畅、顺利"、"ぶうぶう/发牢骚状、唠叨"等等。

拟态词在句子中可以做"连用修饰"成分，相当于汉语的状语或补语。

例：① 人をじろじろ見るものではない。/不应该目不转睛地盯着人看。
② 木村さんは難しい質問にすらすら答えました。/木村流利地回答了难题。
③ 彼はぶうぶう文句ばかり言っている。/他嘟嘟囔囔地发着牢骚。

由于汉语多用文字表述其状态，如："目不转睛"、"流利"、"嘟嘟囔囔"，所以容易忽略对这些拟态词的掌握和使用。日语中的拟声词是日语学习中的一个难点。如能恰当地使用拟态词，可以使你的日语表达显得更生动。希望引起学习者的注意，并建议大家尝试着用一用。

考考自己：将下列拟态词填入句子的_____处。

ぽろぽろ　じろじろ　ぺらぺら　のんびり
すらすら　ぶうぶう　にこにこ　ふらふら

① あの人は秘密でも何でも_____としゃべってしまうほうだから、気をつけたほうがいい。
② _____と人の顔を見ないでください。
③ あの人はいつも_____しながら、あいさつするので、みんなに好かれている。
④ 彼女が涙を_____こぼして泣いているのを見て、かわいそうに思った。
⑤ テスト勉強のため、睡眠が足りないので、今日は駅で思わず_____してしまった。
⑥ 待遇がよくないと社員たちが_____文句を言っている。
⑦ 今日は仕事は休みだし、子どもも家にいないので、何もしないで一日_____した。
⑧ 仕事が思ったより_____と運んでいるので、安心した。

答案：① ぺらぺら　② じろじろ　③ にこにこ　④ ぽろぽろ　⑤ ふらふら　⑥ ぶうぶう　⑦ のんびり　⑧ すらすら

三、参考译文和练习答案

1. 参考译文

第11课　笑着进门，哭着出来

课文　平假名的回忆

A大学外国语学院　日语系
副教授　吴丽

留学日本，第一次上日语课时，我简直不敢相信自己的耳朵。因为年轻的日语老师说："从现在开始我要检查大家的平假名。"班上的学生基本上都是欧美人。"都这会儿了，还什么平假名！"对于中国人而言，汉字自不用说，平假名和片假名也不是那么难。我这么想，"回头一定得和老师说把我换到程度更高的班去。"

老师让包括我在内的6名学生到黑板前面去。我很不情愿地到了前面。老师说："现在把我要说的话全部用平假名写在黑板上。"我们写完了之后，老师开始不断地纠正。写的最好的是俄罗斯人，被纠正最多的竟然是我。

我在大学里成绩优异，又被选作交换留学生，没想到竟然在上课的第一天就这样被纠正了这么多的平假名！"明天检查片假名。希望大家能够在这儿再看一遍自己的字。"老师下课前这么说。

我没有跟任何人说话，飞一般地回到了宿舍。因感到窝心，刚一关上房门，泪珠就扑簌簌地流了下来。"好了，不能再哭了。如果不进行片假名的练习，不知道明天又会怎样丢脸呢。"这样一想，我便打开以前使用过的初级教科书，开始练习片假名了。我顺便看了一下平假名表，发现自己的字确实有很多毛病。

这是我15年前第一次留学日本时的事情。如今，我成了一名日语老师。从我的经验来说，即使是学习日语多年的人，仍有不少人部分平假名和片假名书写得不规范。现在我觉得那位老师真正教给了我很宝贵的东西。

15年前的我自尊心很强。自尊心虽然很重要，但是仅有自尊心的话，会导致人看不到一些东西。据说人在稍微会做一些事情的时候是最危险的时候。从那以后，我总是将这件事铭记在心里。

会话　眼睛会说话

（谷口耕太是日本某大学研究生院的博士生。现在他暂时中止学习，在中国的大学里教日语。早上，他走在大学校园里，在长椅处发现一名女学生在出声地读着什么。）

谷口：小王，早上好。

王　：啊，老师，早上好。

谷口：你在练习演讲啊。

王　：是啊。（笑着）因为是老师的吩咐，我不假思索地接受了代表全班演讲的任务，可是这责任太大了。

谷口：咳，快别这么说。对了，演讲的题目最后定了哪一个？

王　：选了"笑着进门，哭着出来"。因为这是学习日语的学生很容易理解的题目。我会努力的。

谷口：你太投入了，那会很累啊。

王　：可是，既然参加了就不能输给其他大学的学生嘛。

谷口：被你这么一说，我也不由地感到自己的责任了啊。

王　：老师，怎样才能演讲得更好呢？

谷口：这个嘛，我觉得演讲的内容这样就可以了。不过，如果能向大家多传达一下你"想请大家听一听"的心情就好了。

王　：是吗？

谷口：我认为最好多本着跟大家交流的心情演讲比较好。

王　：我也想这么做啊，但是……

谷口：可能还不够吧。再好好用一下眼神，如何？

王　：啊，那要怎么做呢？

谷口：都说"眼睛会说话"，所以当你在讲到要点时，在那一会儿眼睛要盯着会场上的某个人进行你的演讲。

2．练习答案

二、1．漢字　　　　　　2．黒板　　　　　3．見直
　　4．立場　　　　　　5．以降
三、1．こうかんりゅうがくせい　　　　2．きょうかしょ
　　3．けっきょく　　　　　　　　　　4．むね
　　5．かいじょう
四、1．ほど　　　　　2．に，を　　　　3．を
　　4．に　　　　　　5．に
五、1．親に反対されている
　　2．最後までやりとげなければならない
　　3．終電が行ってしまったので

4．ボランティアでやるのはいうまでもない

5．いい席をとるために早く会場に行こう

六、1．b　　　2．b　　　3．a　　　4．c
　　5．a　　　6．a　　　7．b　　　8．d

七、1．約束したからには守るべきだ。

2．この子は体が弱いばかりに，大学に入れなかった。

3．風邪を引いて休みたかったが，どうしてもやらなければならない仕事があって会社に出ざるを得なかった。

4．郵便局へ行くのだったら，ついでに私の手紙も出してきてください。

5．王さんは先生からレポートを返されると，すぐその中のミスを直し始めた。

八、1．ア　d　　イ　a　　ウ　c
　　　　エ　f　　オ　b　　カ　e

2．（1）若い女の先生が「これからみなさんの平仮名をチェックします」と言ったから。

　　（2）いやいや前に出た。

　　（3）先生が「明日は片仮名のチェックをします」と言ったので，またどんな恥をかかされるか，わからないと思ったから。

九、（1）②　　　　　　　　（2）c

第12課
子どもとしつけ

本課重点：

一、コミュニケーション表現
1. では，ここで話題を変えまして，ネチケットについてお話しいただきたいと思います。
2. ほう，それはどんなことですか。
3. おっしゃるとおりです。

二、文法
1. 副助詞　ほど②
2. 接続助詞　どころか
3. 后缀　（1）前　（2）上
4. 形式名詞　もの②
5. 感叹词　ほう

三、文型
1. ～さえ～ば，～
2. ～てはならない
3. お～です
4. ～をもとに，～

四、言葉の使い方
1. わずか　　2. 一日も早く　　3. だらしない
4. ひどい　　5. 幸い

五、解釈
これ，ネチケットに合ってないよね。

一、知识链接

1. 补充讲解

（1）"～でいる"的用法

本课出现了"子どもでいたい"的说法。"～でいる"接在名词或形式名词后面，表示以某种状态存在。

例：① 人間はずっと順風満帆というわけにはいかないかもしれない。でも，僕はどんなことがあっても，いつも笑顔でいたい。/人也许不能总是一帆风顺。但无论遇到什么事情，我都想一直以微笑面对。

② いよいよ社会に出る時が来た。本当はずっと学生のままでいたいのだが。/马上就要走向社会了，真想一直当个学生。

③ 常に部下のことを第一に考える上司でいたい。/想做一个总是把部下的事情放在第一位的领导。

④ 彼は独身のつもりでいるけれど，実はいろいろ複雑なのだ。/他一直想坚持独身，但实际会有很多麻烦。

（2）"的"的用法

"的"有很强的构词能力，接在名词后面，使其具有某种性质。本课出现了"一般的"、"基本的"，在日常的使用当中，我们会遇到很多这样的词，如：私的、芸術的、世界的、実用的、伝統的、科学的、一時的、個人的、実証的、具体的、形式的，等等。这些名词后续"的"后，具有了二类形容词的性质，具体使用时有如下特点：

○ 可加"な"，也可以不加。

例：① 今回の観測では，世界で初めての科学的なデータを集めることができた。/这次观测得以汇集了世界首次的科学资料。

② 科学的データに基づいて結論を出すことは重要だ。/根据科学资料拿出结论是非常重要的。

○ 两个词并列使用时，后一个词可加"な"，也可以不加。

例：③ 幼児は概念的、抽象的な思考が困難だ。/幼儿进行概念性的、抽象性的思考是很困难的。

④ 改革は重要な理論的、実践的問題だ。/改革是重要的理论性、实践性的问题。

○ 前一个词后续"で"，后一个词一般加"な"。

例：⑤ 現実的で具体的な提案がほしい。/希望得到现实的、具体的提案。

⑥ これは一時的で実用的なやり方である。/这是暂时性的、实用性的做法。

2. 词汇趣谈

ネチケット

ネチケット（net etiquette）是个较新的词，指的是网络礼貌，是受过教育的互联网用户必须遵循的准则。网络礼貌的基本原则是：对他人以礼貌相待，且尽量不给他人添麻烦。同时要顾及他人的心情，体谅、同情他人，谨言慎行。网络礼貌并不是为了向违反这一准则的人提供相关惩罚条例而设定的。

对于无视网络礼貌中的行为规范的情况，并不是采取送入监狱或者支付罚金等处罚措施，而是表现为友情破裂，招致无用的争论，令人在公共场合蒙羞，引起情感上的对立等。因为看到你的电子邮件的所有人都会像法官和陪审员一样做出自己的判断。导致这样的结果，也暗示了不遵从网络礼貌的人是无知、傲慢、不为他人着想的。

（摘译自 *http://ccweb.cc.sophia.ac.jp/Manual/netiq/netiquette.html*）

3. 文化趣谈

（1）二人三足

日本的幼儿园或者学校，都会举办以"亲子"（父母和孩子）为中心的活动，比如运动会等。一般的学校或幼儿园，设有父母和孩子一起参加的项目。其中有一个项目叫"二人三脚/二人三足赛跑"（本来是同龄人一起做的），即：将孩子的一只脚和父亲或母亲的一只脚绑在一起，然后分组赛跑。这项活动既能培养孩子的团队协作精神，也能加深孩子和父母间的感情，同时也锻炼了孩子的体质，颇受日本人的青睐。这个项目经常在朋友、同事间进行，在娱乐的同时也加强了人与人之间的联系和默契。

（2）日本的"しつけ"

所谓的"しつけ"，主要是指对人（也应该包含家畜）进行人类社会及团体应遵循的规范、纪律、礼貌方面的训练，使其能够按照其规范等行事。其概念包含传统的对儿童的奖励和惩罚。

"しつけ"换言之"教育"。这种教育渗透于生活的全部，对不谙世事的幼儿可以从做了应该做的事情要给予表扬，做了不该做的事情要给予批评，甚至惩罚开始。当然，这要与"虐待儿童"严格区分开来。

日本家庭非常注重对儿童的教育，我们想介绍以下两点：

第一点，重视对孩子的自立教育。日本人教育孩子有句名言：除了阳光和空气是大自然的赐予，其他一切都要通过劳动获得。日本家庭从小就培养孩子自主、自立的精神。父母给他们灌输一种思想：不给别人添麻烦。全家人外出旅行，不论多

么小的孩子，都要无一例外地背上一个小背包，要问为什么？父母说：他们自己的东西，应该自己来背。 日本家长还非常支持孩子在幼儿园里学习一些生活技能课。许多日本学生在课余时间，都要去外面参加劳动挣钱，大学生中的"アルバイト/打工"非常普遍，就连有钱人家的子弟也不例外。他们靠在饭店端盘子、洗碗，在商店售货，在养老院照顾老人，做家庭教师等来挣自己的学费或零用钱。在日本，孩子自己处理问题的能力及适应生活、环境的能力都比较强。

　　第二点，重视孩子抗挫折的教育 。日本的父母十分重视挫折教育，他们总是不回避让孩子吃苦、探险。日本的小孩走路时摔跤，父母不是主动扶他起来，而是鼓励孩子自己站起来，大一点儿的孩子受到挫折，父母鼓励他们自己去克服困难。比如，在儿童游乐园里，日本孩子玩悬挂游戏时，由于没有抓牢距地面较高的木杠而重重地摔在地上，孩子的父母是不会上前去扶孩子的。在日本，小学生在冬天穿短裤，有的孩子腿冻得都发紫了，父母并不"心疼"，没有一个上前搂住自己的孩子，而是支持鼓励孩子那样做。他们知道，只有这样才能换来孩子真正的健康。

　　　　（根据以下资料整理：フリー百科事典『ウィキペディア（Wikipedia）』、http://www.cc-book.cn/child/show.asp?s=/56.html、http://xn——08jl3b.net）

二、中国人的学习难点
"～てはならない"与"～てはいけない"

　　二者均接在动词第二连用形（与接"て"的形式相同）后面。

　　"～てはならない"表示禁止。相当于汉语的"不能……"、"不许……"。常用在出于义务及责任必须这样做的时候，多用于一般性的规范、训诫等，不太用于特定的个人。

　　例：① ここに痰を吐いてはならない。/禁止在此吐痰。
　　　　② 自転車は、車道に入ってはならない。/自行车不能进入车道。

　　"～てはいけません"表示不允许对方进行某一行为、或者不希望某种行为发生。多用于提醒，相当于汉语的"不要……"。一般不用在地位或年龄高于自己的人。

　　例：③ あまり無理してはいけませんよ。/不要太勉强自己了。
　　　　④ 知らない大人の人について行ってはいけない。/不可以跟着不认识的大人走。
　　　　⑤ よい子はまねをしてはいけません。/好孩子不要去学那个样子。

三、参考译文和练习答案

1. 参考译文

第12课　孩子与教育

课文　想永远做孩子

几乎在世界上所有的国家，年轻人感觉到"自己已经是大人"的年龄在向后推移。当然日本也不例外。距今仅仅150年以前，基本上15岁就是成人的年龄了。虽然现在法律规定20岁是成人的年龄，但别说20岁，就是到了30岁，也有人觉得"自己还没有完全成人"。

其原因也在于平均寿命的提高以及国家经济的发达，但是也与日本社会是一个从传统上高度评价"小孩子的可爱、纯真"的社会有关系。所以年轻人不愿意从这个舒服的世界中走出来。只要父母有经济能力，孩子晚一些时间离开这个舒适的环境，也不会受到责难。

在中世纪的欧洲，孩子被看作"未成熟的大人"、"二流存在"，而遭受着冷遇。所以，父母为了让孩子尽早成人，严格地进行管教，同时也让他们学习工作技能。到现在这种影响依然存在。比如，在欧洲，父母会对孩子说"大人说话不许插嘴"，"晚上到了规定的时间要去自己的房间"等。在孩子没有成人的时候却想要把孩子培养成小绅士、小淑女。中世纪的欧洲是不允许像日本家庭那样，孩子晚饭后仍留在客厅里让奶奶抱着，边看电视边睡觉这类散漫的生活方式存在的。

相比较而言，在亚洲普遍有娇惯孩子的倾向。比如在日本有"父母与子女三人成川字形就寝"这种说法。将父亲和母亲中间躺着孩子的睡姿用"川"字的形式表现出来。谁都有过那样的体验，对孩子来说，黑夜是很可怕的。

以"川"字方式来睡的话，右边是父亲，左边是母亲，孩子很安心。所以，"川"字意味着"幸福的一家人"，但是从小就接受尽早独立教育的欧美人听到这种情况，就会做出诸如"明白了，这孩子有很重的病吧"等反应。

会话　网络礼仪

教育评论家野村与两位小学老师就孩子教育问题在进行座谈。

司　仪：好了，现在我想换个话题，谈一谈关于网络礼仪的问题。

野　村：所谓网络礼仪的教育，父母亲那一辈根本没有经历过，所以教育的重心责无旁贷地落到了学校，老师们肯定会有很多苦处吧。

老师A：是啊，毕竟一开始不知道应该教什么，如何教，费了不少心思。幸好相关单位

有研修制度，我在那里接受了培训。现在我们以在那儿学到的东西为基础，自己编写了简单的教材，并正在使用。

老师B：我所在的学校有对这种事情比较熟悉的老师，所以很早就开始了网络礼仪教育。因此，回避了一些诸如相互诋毁等问题。

野　村：噢？那是些什么样的事情？

老师B：孩子们吵架了，有个孩子在自己的博客里写了对方的坏话。对方看到这种情况，没有在自己的博客里以牙还牙，而是说"这是不符合网络礼仪的，对吧"，然后把事情告诉给老师，所以在问题变得严重之前就将其解决了。

老师A：那孩子没有告诉父母吗？

老师B：是的。在告诉父母之前先到了老师那儿。当然事后，也跟监护人说了。由于是在问题解决之后，所有事情并未闹大。

野　村：原来如此。基本上和实际生活中人与人的交际规则没两样，对吧。

老师A：您说的对。虽然不能对孩子们说，实际上我感觉是在一边教网络礼仪，一边在重新认识自己与他人的交往。

2. 练习答案

二、1．平均　　　　2．評価　　　　3．居心地
　　4．未完成　　　5．自立

三、1．れいがい　　2．わるぐち　　3．そんざい
　　4．はんのう　　5．けいこう

四、1．ほど　　　　2．で，は　　　3．に，が／は
　　4．に，を　　　5．の，と

五、1．料理が1つもできない人がいる
　　2．出かけよう
　　3．試験の結果
　　4．することは子どものようだ
　　5．人の迷惑を考えなく

六、1．c　　　　　2．b　　　　　3．d
　　4．a　　　　　5．d　　　　　6．b

七、1．彼は貯金するどころか，金があるとすぐ使ってしまいます。
　　2．すみませんが，ここで写真を撮ってはなりません。
　　3．噂だけをもとにして，人を判断するのは危ないですよ。
　　4．あの人は時間さえあれば本を読んでいる。

5．幸い早く出かけたので，雨にあわなかった。
八、1．① 平均寿命が伸びたこと
　　　　② 国の経済が豊かになったこと
　　　　③ 日本の社会が伝統的に「子どものかわいらしさ，純粋さ」を評価する社会であること
　　　2．欧米では，子どもにできるだけ早く自立するようなしつけをする／（または）欧米では不完全ではあっても小さな紳士・淑女を作ろうとする。アジアでは，そういうことはしない。
　　　3．夜，決められた時間になったら自分のベッドのある部屋に行って一人で寝なくてはいけないのに，そうしていないから。
　　　4．ヨーロッパの場合　　　② ④ ⑤
　　　　アジアの場合　　　　① ③
九、ア（c）　　イ（b）　　ウ（d）　　エ（a）

第13課
一衣帯水

本课重点：

一、コミュニケーション表現
1. 今日は38ページからですね。
2. 皆さんも知っているように，日本人は昔から外国のものを学んで取り入れることに熱心だったんですが，それは最近だけのことではありません。
3. でも，中国に「遣唐使」っていう，えーと，なんて言ったらいいのかな……
4. パッと咲いてパッと散る桜のほうが，日本人の気持ちに合っていたんでしょうね。

二、文法
1. 助動詞 ぬ
2. 后缀 （1）風 （2）向け

三、文型
1. ～わけがない
2. ～を目指して，～
3. ～とする
4. ～とは限らない
5. ～に限らず，～

四、言葉の使い方
1. 確かに　2. 大変　3. パッと
4. まだ　5. それでも

五、解釈
1. 花冷え
2. 白紙に戻す遣唐使

一、知识链接

1. 补充讲解

（1）阿倍仲麻吕

本课中有这样的句子："日本に帰るのに失敗してベトナムに着き，苦労してまた長安に戻ってその後，官吏として大変出世した人もいました"。这个人指的就是阿倍仲麻吕（あべのなかまろ）。

阿倍仲麻吕（698—770）19岁（717）通过选拔，随遣唐使使舶入唐。同年9月到达长安入太学学习。后中进士第，在唐，历任司经局校书、左拾遗、左补阙、秘书监兼卫尉卿。工诗文，与大诗人王维、储光羲、李白等友善。玄宗喜其才，赐名晁衡。天宝十二载（753），随遣唐使藤原清河使舶东归，途中遇暴风，漂流至安南（现在的越南）。时误传其遇难，李白曾有《哭晁卿诗》以悼之。十四载，辗转再返长安。后历官左散骑常侍、安南都护，官终潞州大都督（从二品）。滞留唐朝54年，72岁客死长安。

通过阿倍仲麻吕的一生也可以看到，当时的长安是个非常开放、对外非常友善的社会。

李白的《哭晁卿诗》脍炙人口，流传至今。

哭晁卿衡

唐五代·李白

日本晁卿辞帝都，征帆一片绕蓬壶。

明月不归沉碧海，白云愁色满苍梧。

（根据http://baike.baidu.com/view/62744.htm整理）

（2）格助词"に"

关于格助词"に"，我们已经接触过它的很多用法，如：

① 机の上に本があります。（事物存在的位置和场所）

② 東京に行く。（动作的方向和到达点）

③ 暇なときにテレビを見ます。（表示时间）

④ 買い物に行きます。（表示目的）

⑤ 友達に手紙を書きます。（动作行为的对象）

⑥ 年に二回ぐらい大阪へ行きます。（比例、分配的基准）

⑦ 体にいいことをする。（比较、评价的基准）

⑧ お弁当にお茶はいかがですか。（并列或累加等）

⑨ 何にしますか。（选择、决定的对象）

⑩ 秋になりました。（事物、状态变化的结果）

⑪ 太郎は先生に叱られました。（被动句中的施动者）

⑫ 先生は学生に本を読ませた。（使役的对象）

在本课当中，下面句子里出现了多个格助词"に"，我们可做一分析。如：

○ 894年にaある貴族が「有能な若者が2人にb1人しか帰って来られぬような，こんな危険なことはもうやめよう」と言い出しました。

○ ……日本人は昔から外国のものを学んで採り入れることにc熱心だったんですが，……

○ ……中にd日本にe帰るのにf失敗してベトナムにg着き，苦労してまた長安にh戻ってその後……

○ 梅ももちろんきれいだけど，パッと咲いてパッと散る桜のほうが，日本人の気持ちにi合っていたんでしょうね。

以上句子中的a表示时间，b表示比例，c表示行为的对象，d表示存在，e表示目的地，f表示基准，g、h表示目的地，i表示基准，都是我们已经学习过的用法。由于"に"表示的意思比较多，进行适当的分析，对于正确运用是有帮助的。

2. 词汇趣谈

"四字熟語"及"和制熟語"

"熟語"指用两个以上的汉字结合的形式来表示的汉字词，属于复合词以及派生词的一部分。比如："学校"、"海面"、"都会"等等。本课中出现了"一衣带水"，这样的词在日语中被称为"四字熟語"。

"四字熟語"有很多，比如："合縁奇縁/奇缘，天作之合"、"異口同音"、"以心伝心"、"泰然自若"、"鶏口牛後"、"毀誉褒貶"、"初志貫徹"等等。另外还有"和制熟語"，所谓"和制"就是日本人利用汉字创造的词汇，如："医食同源"、"乾坤一擲/孤注一掷"、"廊下/走廊"、"物欲"、"異様"等等。这些词汇使用的恰当，往往能起到画龙点睛、事半功倍的作用。

3. 文化趣谈

（1）春天赏樱花，秋天赏红叶

春天赏樱花，秋天赏红叶是日本人春秋两季的乐事。每年到了樱花和红叶的时节，日本人就会与家人、朋友等一起出游观赏。被誉为"日本第一"

的樱花位于奈良县吉野山，春天一到，樱花满山，被称作"吉野千棵樱"。樱花生命短暂，日本有一民谚叫"樱花七日"（花七日<ruby>はななのか</ruby>），即：樱花从开放到凋谢大约为7天。樱花飘落时果断凄美，落樱之美象征着日本武士道绚烂而短暂的美学。

　　与樱花一样，日本也有"红叶前线"，表示日本列岛由南向北的红叶推移的情况。京都岚山的红叶负有盛名。

（2）国风文化

　　国风文化指的是日本平安中期以后日本风格的文化，包括10—11世纪摄关政治时期的藤原文化及11世纪末到12世纪末院政时代的平安末期文化。遣唐使废止后，日本在吸收、消化大陆文化基础上形成了独特的审美意识，且出现了体现这种意识的假名文字、美术、生活及独特性观念。由此引起了文化的国风化，并逐渐代替此前的唐风文化。此外，以宫廷为中心的贵族文化也得以兴起和发展。而假名的使用也促进了文学的发达。例如：藤原道纲之母（日本平安时代女性的姓名没有留下记载，一般是在丈夫或儿子的名字后面加上与之的关系来称呼）的《蜻蛉日记》，细腻地描述了婚姻生活中的女性心理；宫廷女官紫式部的《源氏物语》，通过主人公光源氏的恋爱和命运，描写了宫廷贵族的奢侈生活与人物微妙的心理状态，反映了当时的社会变动趋势。

二、中国人的学习难点

"わけがない"、"わけではない"、"わけには行かない"

　　这三个句型都包含了形式名词"わけ"，并且都以否定形式结句，因此容易引起使用上的混乱。

- ○ "わけがない"用于表示说话人根据客观情况做出的主观判断，相当于"（从道理上）不可能……"、"不会…"。

例：① どんな人間も病気にならないわけがないんだよ。/人是不可能不生病的。

② 勉強もしないで遊んでばかりいては、試験にパスするわけがない。/不学习光顾着玩,不可能通过考试。

○ "わけではない" 用于表示说话人对在事实基础上推导出来的结果加以否定。相当于汉语的"并不是……","并非……"。

例：③ われわれは食べるために生きているわけではない。/我们并不是为了吃饭而活着。

④ お金がたくさんあるからといって、幸せだというわけではない。/虽然钱很多,但并不一定幸福。

○ "わけにはいかない" 表示说话人根据社会常识、观念及过去的经验做出的判断。相当于汉语的"不能……"、"不可以……"。

例：⑤ 試験があるので、休むわけにはいかない。/因为有考试,所以不能休息。

⑥ みんなの期待を背負って試合に出たので、自分の意志でやめるわけにはいかない。/因为是肩负着大家的希望来参加比赛的,所以不能按自己的意志退出比赛。

考考自己： 在下列句子的_____处填入"わけがない"、"わけではない"、"わけにはいかない"（可以选择复数的答案）。

① 梅雨彼女もずっとその場にいたので、そんなこと言う_____。
② 今のところ、まだ何も言っていないが、そう言う根拠が無い_____。
③ それは個人の財産じゃないので、そんな無駄遣いを承知する_____。
④ 今から駆けつけても間に合う_____から、ゆっくりしようよ。
⑤ 何も私が頼んだ_____んだから、嫌なら行かなくてもいいよ。
⑥ 別に悪いことじゃないから、そんなに強く反対する_____。
⑦ 自分から今週いっぱい仕事をすると約束したんだから、途中で休む_____。

答案：① わけがない　　② わけではない
③ わけにはいかない　　④ わけがない（わけではない）
⑤ わけがない　　⑥ わけではない（わけにはいかない）
⑦ わけにはいかない（わけがない）

三、参考译文和练习答案

1. 参考译文

第13课　一衣带水

课文　日本概况课"遣唐使"

今天是从38页开始，对吧。今天，我们将学习日本是如何引进中国文化、政治制度的。按公历说大概是公元630年到公元900年的事情。

众所周知，日本人自古以来就非常热衷于学习、引进外国的事物，这不是最近才有的事情。常见被举出的是明治维新的例子。的确，那时引进西方文明的速度也很迅猛，但那不是第一次。大量的、有组织的引进外国文化的正是接下来我们要学习的这个时代。

那时，不仅是唐朝的政治制度和法律，日本想了解包括医学、建筑、美术、佛教等所有领域的事物。因为是在古代，不可能像现在这么方便去外国。日本的，相当于现在的公务员，还有学生、医生、僧人等各行各业的精英们，人多的时候，500多人同乘一艘船，首先以中国大陆为目标出行。我们称他们为"遣唐使"。

当船抵达大陆后，便以长安为目标开始他们的行程。与去时相比，返回时所遇到的困难更大。之所以这么说，是因为当时没有什么科学知识和技术，如果说从小地方到大地方去还好办的话，那么从大地方回小地方时，搞不清方向的可能性是很大的。

即便如此，日本仍在200年的时间里派出了15次遣唐使的船只。由于次数出乎意料的少，经常有这种情况：去时还是年轻人，回到日本时就已经成了老人。并且，去的人不一定都能回来。因各种原因而未能回来的竟占50%。其中，有人回归日本失败而到了越南，之后经过一番周折又回到长安，日后做到了唐朝的职位很高的官吏。

894年，某贵族说："有才能的年轻人两人中只能回来一人，这样危险的事情还是停止吧。"截止到这个时候，日本已经基本上了解了唐朝的政治和法律体制等，因此觉得"已经可以了吧"，随即便停止了"遣唐使"。

会话　从梅花转向樱花

4月的第一周。佐藤遥香在上海进行采访。她边走边和翻译吴杰交谈。

吴　：今天是所谓的"花季天寒"啊。

佐藤：欸？小吴，你真了不起。竟然知道日语的这种说法。

吴　：上大学时，老师曾经说过。我想问问您，为什么日本人一说"赏花"指的就是樱花呢？

佐藤：以前跟中国一样，"赏花"指的是赏梅花。但是，往中国派遣"遣唐使"，嗯……，怎么说好呢。

吴　：我知道。我们学过。

佐藤：啊，这样啊。从公元894年停止遣唐使前后，日本的文化出现了各种各样的变化。

吴　：您为什么能这么快地说出"894年"呢？记忆力真好啊！

佐藤：不，不是这么回事。小时候就记住了"遣唐使回到白纸状态（白纸的发音与894相同）"这种说法。

吴　：原来如此。所以，"赏花"也就从梅花变成樱花了？

佐藤：是的。当然梅花也漂亮，但是忽地一下子绽放又忽地一下子凋谢的樱花也许和日本人的性格更接近一些吧。

吴　：是吗。除此之外，还有什么变化？

佐藤：嗯……，之前都是坐在椅子上，后来坐在地板上，还有女性化妆时眉的画法等，这些被称作"国风文化"。在那之前，贵族们的生活完全是中国风格的。

吴　：这么说，以前的日本人是真的非常喜欢接纳中国的东西啊。

佐藤：不只是过去，现在也还是那样。面向年轻女性的杂志经常出些东洋医学啦，美容啦，对身体有益的中国菜等的专集。很受大家的欢迎。

吴　：也许吧。来上海游玩的日本人比较多，有的人比我们更了解这方面的信息，让我很吃惊。

2．练习答案

二、1．組織　　　2．勢　　　3．建築
　　4．困難　　　5．一衣帯水

三、1．つうやく　2．せいれき　3．ぶんや
　　4．こうむいん　5．かいすう

四、1．に　　　2．に　　　3．と
　　4．が　　　5．に，を

五、1．勉強もしないで遊んでばかりいて
　　2．一生懸命勉強している
　　3．椅子が足りなくなる
　　4．これが読める
　　5．多くなってきたようです

六、1. c　　　2. c　　　3. b　　　4. c
　　5. a　　　6. c　　　7. d　　　8. b

七、1. やはり中国風のスパゲッティのほうが中国人の口に合うようだ。
　　2. 日本に限らず，中国も昔は椅子に座る習慣がなかった。
　　3. 仮にあなたが大統領になったとします。あなたはまず，何をしますか。
　　4. そんなことがあるわけが（は）ないだろう。
　　5. この説明書は中国人向けだから，外国人には読んでもわからない。

八、1. その頃は科学的な知識も技術もなかったので，（小さい所から大きい所に行くのはまだいいとしても，）大きい所から小さい所に帰るのは，方向がわからなくなる可能性が高かったからだ。
　　2. 50%に過ぎなかった。
　　3. ① 894年にある貴族が「有能な若者が二人に一人しか帰って来られぬ，こんな危険なことはもうやめよう」と言ったから。
　　　② その頃までに日本は唐の政治や法律のシステムなどは大体理解していたから。

九、① 遣唐使　　② 明治維新　　　③ 西洋

十、① d
　　② 子どもがまだ小さいこと
　　　妻があまりじょうぶではないこと
　　　生きて日本に帰れるかどうかわからないこと
　　　親がもう生きていない（死んでいる）かもしれないこと

第14課
鶏口となるも牛後となるなかれ

本课重点：

一、コミュニケーション表現
1．メールだけじゃね，やっぱり心配で。
2．やっとその気になったってわけね。——そうみたいね。
3．まあ，遅い春だけれど，いいわよね。
4．それはですね，今は何とも申しあげられません。

二、文法
1．格助詞　に⑩
2．接続詞　または
3．感叹詞　（1）あのね　（2）ええっ
4．終助詞的重叠形式　わよね
5．后缀　がち

三、文型
1．～恐れがある
2．～としたら，～
3．～と同時に，～
4．～あまり（に），～

四、言葉の使い方
1．初心　　2．応援　　　　3．元気
4．生かす　5．調子

五、解釈
企業へ行く前の休憩所

一、知识链接

1. 补充讲解

（1）敬语的特殊功效

大家可能已经注意到了，本课的会话当中遥香有这样的说法："それはですね，今は何とも申しあげられません"。其中的"申しあげられません"是敬语动词，从整个对话来看，这里的敬语显得格外抢眼。因为通篇对话都用的是简体，作为母女间的对话是十分自然的。遥香通过这样的口吻想达到以下两个目的：一是变母女的对话为公事公办的口吻，以突然变冷淡的感觉阻止母亲接续这个话题；二是我已经到了和父母都可以用敬语说话的成人的年龄了，请父母不要干涉我自己的事情。

按照日语的习惯，对家人是不用敬语的，另外能够得体地使用敬语也是长大成人的一个象征。对自己的家人突然使用敬语可以改变轻松、随便的气氛。因此，一般是要使一个事情弄出所以然时使用，甚至是表示气氛不融洽时使用敬语。例如："じゃあ，お父さんとお母さんは，ぼくが彼女と結婚することに絶対反対なんだね。いいよ。わかりました。じゃあ，結構です。ぼくは一人でことを進めますから。/这么说，父母是坚决反对我和她结婚了。行了，明白了。不用你们管了。我自己一个人办就行了。"这句话中从"わかりました"开始，变成了敬体，从语感上可以明显感觉出气氛不再融洽。

通过以上两个例子，大家可以体会到敬语的一个特殊功效。

（2）关于语篇的连接类型

截至目前为止，我们已经学习了很多接续词的用法。本课又学习了"または"的用法。

接续词不仅用于连接前后两个句子，随着篇章学研究的深入，它在语篇中起到的起承转合的作用也越来越受到关注，成为研究的课题。

"语篇"一般指大于句子的言语作品，既可以是由数个内容相关联的句子组成的话段，也可以是一篇完整的文章。这里，我们对语篇的连接类型作一个简单的介绍。

篇章连接类型

类型		连接词语（部分）
逻辑关系	归结	したがって そのため だから
	推论	すると そうすると それなら では なら と
	理由	だって なぜなら というのは
	转折	が けれども しかし でも ところが 逆に そうかといって そのかわりに それなのに
	逆转	さもないと

递加关系	添加	それで そして そこで
	累加	しかも そのうえ それに そればかりか それも
	换言	言い換えると 言ってみれば すなわち つまり いわば
	举例	たとえば 実際
	代替	というより むしろ というか
	强调	とくに とりわけ
对等关系	并列	および かつ ならびに
	选择	あるいは それとも または ないしは
话题展开	转换	さて それにしても ところで 話は変わって
	列举	それから ほかに また さらに 次に 最初に 第一に まず ついでに
	对比	一方 同時に それに対して
	总结	以上 結局 こうして このように 要するに
	补充	なお ただ
	无视	いずれにしても とにかく 何にせよ

需要加以说明的是，以上表格中除了我们讲到的接续词以外，还有类此"というのは"、"そればかりか"、"言い換えると"等短语，我们称之为"接続 表現（せつぞくひょうげん）"。这些短语起的作用与接续词基本相同，所以我们也把它们列在了其中。目前表中所列的词和短语有些已经超出了我们目前学习的范围，这里只做一介绍，为学习者提供目前研究的热点，以飨读者。

(3) ～かというと，そうでもない

在本课的课文中出现了"では，大企業に就職した人はもうベンチャーのチャンスがないかというと，そうでもない。/那么，是不是就职于大企业的人已经没有冒险的机会了呢，那倒也不一定。"这样的句子，其中有"かというと，そうでもない"的用法。我们可以把它看作一个句式，接在句子后面，表示"是不是……呢，那倒也不一定"的意思。

例：① 目標を達成したらいいことがあるかというと，そうでもない。/目标实现后是不是有好事呢，那倒也不一定。

② 全く使い道がないかというと，そうでもない。/是不是完全没有用途呢，那倒也不一定。

③ だれでもやりたいかというと，そうでもない。/是不是谁都想做呢，那倒也不一定。

2. 词汇趣谈

再说日语中的"気"

在第10课中我们已经介绍了很多有关"気"的词组。本课又出现了"やっとその気になったってわけね"和"お父さんも気にしているのよ"的说法，可见"気"在日语中的使用之广。透过这一现象，我们可以进一步观察到日本人在日常生活中比较注意细节的特点。这里，我们再介绍几个词组：

① 気がある/有心、有意　　　　　　例：参加する気があるのか。
② 気が多い/见异思迁、喜好不专一　　例：まったく気が多いやつだ。
③ 気が大きい/胸怀磊落、胆大　　　　例：気が大きい人だから，心配しなくてもいい。
④ 気が小さい/心眼小、胆小　　　　　例：彼女は気が小さいほうだから，あまり厳しく叱らない方がいいよ。
⑤ 気に障(さわ)る/令人不快、得罪　　例：お気に障ったのなら謝ります。
⑥ 気がおけない/没有戒心、融洽　　　例：気が置けない仲間と旅行する。
⑦ 気が長い/慢性子有耐心　　　　　　例：完成まで10年以上かかるとは，ずいぶん気が長い話だ。
⑧ 気が短い/性急、好动肝火　　　　　例：気が短い彼は，信号の変わる前に横断した。
⑨ 気に入(い)る/称心、满意　　　　　例：これは一番気に入っている色だ。

其中"気が大きい"和"気が小さい"、"気が長い"和"気が短い"意思恰好相反，像这样的表示反义词组放在一起也会便于记忆。

3. 文化趣谈

与植物有关的日语谚语

日本人对季节、大自然等比较敏感，这点通过以下谚语也可以窥见一斑。除了本课出现的"寄らば大樹の陰"，我们再介绍几个：

瓜(うり)の蔓(つる)に茄子(なすび)はならぬ/龙生龙，凤生凤
物種(ものだね)は盗(ぬす)まれず/血统是无法改变的

蒔かぬ種は生えぬ/不播种就不会有收获

世の中は三日見ぬ間の桜かな/大千世界变幻莫测

埋もれ木に花が咲く/时来运转

二、中国人的学习难点
"～つつある"和"～ている"

"～つつある"多接在表示变化的动词的第一连用形（ます形）后面，表示变化的产生且变化正朝着完成的方向发展。

例：① マンションから和室が消えつつある。/日式房间正在逐渐从高级公寓中消失。

② 価値観は時代とともに大きく変わりつつある。/随着时代的发展，价值观正发生着很大的变化。

③ 現在、幼稚園の預かり保育やベビーシッターサービス等、子どもを預ける場や機会が拡大しつつある。/目前，幼儿园有托管和照顾宝宝的服务等，寄管宝宝的场所和机会正在不断扩大。

"～ている"接在动词第二连用形（て形的后面），既可用在表示变化的动词后面，也可用在表示状态的动词后面。表示变化后的结果以及状态的延续。

例：④ 映画館での広告はどんどん変わっている。/电影院里的广告不断改变。

⑤ 電子辞書はどこまで進化しているのか。/电子词典进化到什么地步了呢？

⑥ 安いお茶が消えている。/便宜的茶消失了。

三、参考译文和练习答案
1. 参考译文

第14课　宁为鸡口，毋为牛后

课文 毕竟还是"大树底下好乘凉"啊

在日本，几十年前大学就被称作"游乐场所"、"进入企业前的休息场所"等。不管是过去还是现在，的确有很多大学生只考虑玩儿，但最近出现了一类以前未曾有

过的大学生，而且人数在不断增加。

这类大学生同时也是企业的员工。从前也有为了自己缴付学费而拼命打工的学生，但是他们和这种类型的学生又不同。他们身为学生的同时，又是"风险企业"的员工。

所谓风险企业，是指由有自己的技术和想法的人所创办的小型企业。现在已经成为大企业的索尼和本田等最初都是风险企业。目前在IT产业取得巨大成功的风险企业很多，这些公司的经理当中，在大学时代就已经创建了公司的人不在少数。

受到这样的成功例子的影响，在大学的理科或经济学院、商学院的学生中也出现了在学期间创业的人。大学方面也积极地予以支持，给予资金扶持，帮助介绍企业等等，这就是"大学风险企业"。

"宁为鸡口，毋为牛后"（比起在大集团做底层，不如去做小集团的最高层）是中国的谚语。同时，也有"大树底下好乘凉"的谚语（如果说找依靠的话，还是依靠大集团的好）。

也许是最近大学生想法发生了变化，答案并非如此。在日本，积极参与大学风险企业的学生，毕业后立志进入风险企业的比较少。据某调查显示，几乎所有的学生还是愿意就职于大企业。

那么，就职于大企业的人是不是就没有了冒险的机会了呢，事实并非如此。也有所谓的"公司内风险投资"，在大企业可以发挥其品牌效应，做风险投资事业。但是，即使这样，考虑到"恐怕不能出人头地"而拒绝的年轻公司职员据说也很多，可以说还是喜欢聚集在大树下乘凉的日本人比较多吧。

会话　贯彻初衷

佐藤遥香接到了妈妈打来的电话。

母　：遥香，你好吗？有一个多月没有听到你的声音了。
遥香：啊，妈妈，对不起。看到邮件了吧？
母　：光有邮件呀，还是不放心。什么时候从香港回来的啊？
遥香：前天。下周又要去大连了。
母　：这么忙啊。我说，听说你的表姐留美明年春天要结婚了。
遥香：啊？她已经34，35岁了吧。终于想结婚了啊。
母　：好像是吧。好像以前过于热衷工作，根本没能考虑结婚的事。虽说是迟到的春天，但也是好事呀。对了，你怎么样？最近你爸爸也很关心。
遥香：这个啊，现在什么也不能告诉您。明白点说吧，现在根本不是想这个问题的时

候。我作为撰稿人初出茅庐，必须积累各种各样的经验。（突然说话快起来，急赤白脸地）上周在香港可要命了，翻译突然生病了，而且……

母　：（没等对方说完）你一年到头光顾着旅行，常不在家，所以不可能谈朋友，是吧。

遥香：是，确实是这样。现在就是工作、工作。如果可能，我想在中国开一家小公司。

母　：欸？这事我可是第一次听到。

遥香：不是说"宁为鸡口，毋为牛后"嘛。我想体验一下被人叫经理的感觉。

母　：你从小就这么说，可是……

遥香：是吧。这就是"贯彻初衷"嘛！

母　：这样下去的话，结婚也只能放在"牛后"了……

2. 练习答案

二、1．陰　　　　　2．休憩　　　　　3．産業
　　4．積極　　　　5．熱中

三、1．がくひ　　　2．どくじ　　　　3．けいこう
　　4．せいこう　　5．るす

四、1．と　　　　　2．に，を　　　　3．に
　　4．を，は　　　5．に

五、1．災害が起きる
　　2．最高のものを買いたい
　　3．日本経済の研究もしています
　　4．いつもそばにいるようにした
　　5．夏になる

六、1．c　　　2．c　　　3．a　　　4．b
　　5．a　　　6．b　　　7．c　　　8．a

七、1．長い間正座をすると、足が痺れる恐れがある。
　　2．景気が回復するとしたら、今年の秋ぐらいからだろう。
　　3．このプロジェクトは困難であると同時に、費用もかかる。
　　4．彼はまじめなあまり、ほんのちょっとしたミスでも見逃せない。
　　5．そのような誤りはありがちなことだ。

八、1．IT産業の分野で大成功したベンチャー企業の社長たちの中で，大学生の時にすでに会社を作っていた人。
2．資金援助をしたり，企業との仲介をしたりしている。
3．「寄らば大樹の陰」（頼りにするのなら，大きい集団のほうがよい）という考えの人が多いから。
4．（1）大企業　　技術　　アイデア　　ベンチャー企業
　　（2）ＩＴ　　大成功
　　（3）ブランド力　　社内
九、d

第15課
コミュニケーション

本课重点：

一、コミュニケーション表現
1．昨日はメールをありがとう。
2．先生はもしかしたらその時，旅行に行くんじゃないかって思っていました。
3．それにしても君の描いた絵はすごいねー。
4．さすがに絵の好きな楊さんだけあって，芸術的センスにあふれているよ。
——ありがとうございます。
5．男から見るとちょっとやり過ぎっていう感じもするけど。
6．ええっ，まあ……

二、文法
1．格助词　に⑪⑫
2．副助词　（1）など②　（2）ほど③
3．助动词　まい
4．后缀　近く
5．接续词　それにしても

三、文型
1．～からこそ，～
2．～相まって，～
3．～にほかならない
4．～ほど～はあるまい
5．～はともかく，～
6．さすがに～だけあって，～
7．～から見ると，～

四、言葉の使い方

1. ますます　　2. もっとも　　3. のんびり
4. 大切　　　　5. たまに

五、解釈

1. 以心伝心　　　　　　2. 言わぬが花
3. 巧言令色少なし仁　　4. 沈黙は金

一、知识链接

1. 补充讲解

副助词"くらい（ぐらい）"的用法

"くらい（ぐらい）"过去在使用上是有区别的，接在体言后面时用"ぐらい"，接在"こそあど"系列的连体词后面用"くらい"，接在用言后面时既可以用"くらい"，也可以用"ぐらい"。现在已经不再区分了，既可以用"くらい"，也可以用"ぐらい"。"くらい（ぐらい）"接在前面提到的这些词后面，用于表示如下意思：

（1）表示大约的数量、时间、程度。相当于汉语的"左右"、"大约"等。

例：① 電車で片道2時間ぐらいかかります。/坐电车单程大概需要两个小时。

② 安全のためなら、少しぐらい遅れてもいい。/如果是为了安全起见，稍微晚点儿也没关系。

③ 傷跡はこのくらいの大きさです。/伤痕大概是这么大。

④ 4人分の量だったら、茶さじ一杯ぐらいの塩をいれてください。/如果是4个人的量的话，请加一个茶勺左右的盐。

⑤ 彼は中学のとき、クラスではずっと真ん中くらいの成績だった。/他上中学的时候，成绩在班里属中等水平。

（2）表示事物的程度，即可以表示比较低的程度，也可以表示比较高的程度。或以某一事物的水平、程度为标准对其他事物进行说明。相当于汉语的"像……那样"等。

例：⑥ 今日は暇だろう。お茶を飲むくらいつきあえよ。/今天有空儿吧。陪我喝杯茶总可以吧。

⑦ 王さんぐらい日本語が上手に話せたらいいなと思っている。/我想要

是能像小王那样说一口流利的日语该有多好啊。
⑧ あんなことを言うくらいだから、何をするかわからない。/那种话都说出来了，不知道能做出什么事来。
⑨ あの温厚な人が大声を出すくらいだから、よほど頭に来たんだ。/他那么温和的人都能发出这么大声儿来，肯定是非常生气了。
⑩ 合格書を受け取ったとき、泣きたいくらいうれしかった。/拿到合格证书时，高兴得眼泪都要出来了。

（3）以"～くらい～はない"的形式，表示最高级。相当于汉语的"没有比……再……"。

例：⑪ 試合を棄権するくらいつらいことはない。/没有比弃权参加比赛再难过的事情了。
⑫ 先輩の王さんくらい努力する人はないだろう。/没有比王学长更努力的人了。

2. 词汇趣谈

日语中与"身体部位"相关的惯用语有很多。本课出现了与"口"相关的惯用语，如："口にする"、"口がうまい"、"口に上る"等，这里再介绍几个和"口"相关的惯用语。

① 口に任せる/信口说来	口に任せて大きなことを言う。/信口说大话。
② 口は禍の門/祸从口出	口は禍の門というから、気をつけてください。/都说祸从口出，注意点儿。
③ 口を揃える/异口同声	口を揃えて反論する。/齐声反对。
④ 口を挟む/插话、插嘴	横から口を挟むな。/别从旁边插嘴。
⑤ 口が重い/寡言、难以启齿	彼は口の重い人だ。/他是个话少的人。いい話ではないので、つい口が重くなる。/因为这不是什么好事，所以难以启齿。
⑥ 口が多い/唠叨、话多	ふだん無口な彼も酔うと口が多くなる。/他平常没有话，一喝酒话就多了。
⑦ 口が堅い/嘴严，守口如瓶	彼なら口が堅いから、安心して頼める。/他嘴严，可以放心托他办事。
⑧ 口が軽い/嘴快，说话轻率	口が軽くて、しばしば失言する。/他说话轻

率，常常说走嘴。

⑨ 口が過ぎる/说过头儿　　君、ちょっと口が過ぎはしないか。/你是不是说过了头儿了。

⑩ 口をきく/说话　　怒ってもう10日も口をきかない。/他生气了，已经10天不说话了。

惯用语是一种固定搭配，只能从整体上理解其意义，一般不能拆开、颠倒语序或更换词语、或者插入一些修饰成分。偶尔也在用言前面加一个副词，用来加强语气。比如：

⑪ 口がとてもうまい。
⑫ 口が非常に堅い。

3. 文化趣谈

絵文字、顔文字

"絵文字"指文字画、绘画文字，一般用于把要表达的事情用简单的图画表现出来，比如：用手指示要去的方向；公厕的男女图标；包括行文之间故意加入图标代替字符，增加幽默感等等，课文中出现的"へのへのもへじ"即属"絵文字"。

"顔文字"指表达人的喜怒哀乐的图标。日本的一些年轻人在网上留言或者写电子邮件、发手机短信时，经常会使用这些表情符号。这些图形或者图标的加入，可以给生硬的文字表达注入一些活泼、生动的色彩，从而使交流更顺畅，不至于那么呆板。同时这也是日本的年轻人显露自己情绪、张扬自己个性的一种表现。据统计，与中国人所使用的表情符号相比，日本人使用的表情符号数量更多、结构更复杂。下面是从网络上搜集的一些表情符号：

(^_^)　笑顔

(*^*)　ありがとう

(;_;)　すみません

(T_T)　涙を流す

这些表情符号生动有趣，很有新意。不仅女性可以使用，男性也可以。如今一些上了年纪的人也使用这些可爱的图形。另据调查显示，30%的下属对使用"颜文字"的上司持有好感。

　　需要提醒大家的是，在比较正式的场合或是给长辈的邮件、短信中尽量不要使用，以免显得过于轻率。

二、中国人的学习难点

"はず"和"べき"

　　"はず"用于表示说话人出于某种理论和根据已有的知识做出的判断。"べき"用于表示说话人认为应该或有义务要做的事情。两者表达的意思本来是不同的，但翻译成汉语时往往会用"应该"、"会"等来表达，所以导致学习者在使用时产生混乱。这里，我们作如下归纳：

　　"はず"接在用言、部分助动词连体形、连体词及体词+"の"的后面，表示如下意思：

（1）～はずだ　表示说话人的判断。

例：① 一週間前に手紙を出したから、もう着いたはずだよ。／信是在一周前寄出的，应该已经到了。

② 日曜日だから、先生は休みのはずなのに、研究室の明かりがついている。／今天是星期天，老师本应该是休息的，但研究室却亮着灯。

（2）～はずだ　表示说话人的理解。

例：③ この部屋、暑いね。道理で暑いはずだ。冷房が入っていないよ。／这个房间真热。难怪这么热，没有开空调呀。

④ なるほど、だれもいないから、静かなはずだ。／原来是这样，谁都没在，所以这么安静。

（3）～たはずだ　表示说话人的不解。

例：⑤ 理由を何回も言ったはずなのに、どうして言うとおりにしてくれないの。／理由已经说了好几遍了，为什么不按我说的去做呢？

⑥ 鍵をここに置いたはずなのに、どうしてないんだろう。／钥匙原本就是放在这里的，为什么没有呢？

（4）～はずだった　表示说话人的意外和不满。

例：⑦ 駅に着いたが、誰も迎えに来ていなかった。いとこが迎えに来てく

れるはずだったのに。/到了车站，却没人来接我。本来应该表妹来接我的。

⑧ 理論上はうまくいくはずだったのに，実際にやってみると，期待したとおりうまくいかなかった。/理论上本应该是行得通的，但实际做了，却没有像希望的那样顺利。

"べき"接在"用言+である、1类形容词くある、动词词典形"后面，表示如下意思：

（1）～べきだ（べきではない）　表示按规定或者有（无）义务这样做。

例：① とにかく，僕は賛成しませんよ。あなたと奥さんはもう一度一緒に生活すべきだと思うんです。/反正我不赞成，您和太太应该重新一起生活。

② 人間は自然に対してもっと謙虚であるべきだ。/人类对大自然应该采取更谦逊的态度。

③ 一度ぐらいの失敗で諦めるべきではない。/不应该因一次失败而放弃。

④ 仕事中，私用の電話などをするべきではないね。/工作时间是不应该打私人电话的。

（2）～べきだった（べきではなかった）　站在现在的角度回忆过去，意识到当时应该采取某种行动或态度，表示后悔之意。

例：⑤ 若いうちにやりたいことをやるべきだったと，今後悔している。/我现在真后悔没有趁年轻做自己想做的事情。

⑥ 彼女にあんなきついことを言うべきじゃなかった。/真不应该对她说那么厉害的话。

考考自己：在下列句子的_____处填入"はず"或"べき"。

① このごろ，小学生まで塾に通っているそうだが，子どもにはもっと自由に遊ばせる_____だ。

② もうこんな時間だから，学生は帰宅した_____だ。

③ 国はもっと早く医療問題の対策を打つ_____だった。

④ 他人のことは簡単に判断する_____ではない。

⑤ A：田中さんは10年も中国にいたんだって。
　　B：道理で中国語が上手な_____だね。

答案：①べき　②はず　③べき（はず）　④べき　⑤はず

三、参考译文和练习答案
1. 参考译文

第15课 交流
课文 交流能力

　　在国土狭小的日本，没有必要通过大量的语言让对方明白自己的意思。事实上，从很早以前，说话过多也决不是一件令人赞赏的事情。"能说会道"不是夸奖的话，而是用于贬义。日本有"以心传心[1]"或者"少说为佳[2]"这些谚语，加之来自中国的"巧言令色鲜矣仁[3]"这句古话也让日本人更加放心了。"好男人沉默是金，札幌啤酒为伴[4]"，是将近40年前的广告词，至今仍被人们提起。"不辩解，即使再苦也要默不作声地忍耐"的武士道德观，正是因为被现代人理解，所以才作为警句而流传下来的吧。

　　但是，随着交通工具和信息技术的发展，社会也日趋复杂，特别是在国际社会日本人已经很难再说什么"沉默是金"了。现在据说是"沉默是禁"。然而，从小就没有接受过"在人面前堂堂正正的表达意见"训练的日本人，再加上外语能力一般都不高，在国际社会中交流能力还不够强。甚至有这样的笑话："最好的国际会议的议长能够让印度人住嘴，让日本人讲话。"

　　也许正因为如此，在日本从数十年前开始，广泛流行"交流"这个词，并被用于大学里的系和专业的名称。但是，不思考"交流是什么"，"为什么要交流"这样的根本问题，而认为只学习"为了交流的英语会话"，就可以"成为交流的高手"，没有比这种想法更愚蠢的了吧。人们是不可能用外语说出比用母语思考而得出的更好的意见的。

　　自己是交流的基点。连自己都不明白自己要表达什么，是不可能进行很好的交流的。这决不仅仅意味着仅一个人思考，也可以边听别人的意见边形成自己的意见。只有这样有意识地努力提高交流能力，人才可能成长。

---

1 对方不说，也能知道他想的事情。或二人处于这种彼此相知的关系。
2 不说出来意义更深，也不容易发生不好的事情。
3 出自《论语》。企图用语言和表情讨得对方欢心的人是没有仁义之心的。
4 啤酒公司的电视广告。男演员三船敏郎一个人默默品着啤酒时传来的广告词。

第15課　コミュニケーション

会话　用假名画的头像

谷口和学生小杨在交谈。

谷口：小杨，谢谢你昨天的邮件。10月1号的晚会，我去参加。

杨　：啊，是吗？太好了。我以为到时候老师要去旅行呢。

谷口：本来是要去的，饭店先不说，买不到车票，所以就放弃了。不过，你画的画真是好极了。那叫文字画，它传达给我一个强烈的感觉，那将是一个非常有意思的聚会。

杨　：哈哈哈。因为想让老师来参加晚会，我可是下了工夫画的。

谷口：小杨不愧喜欢画画儿，艺术品味很高嘛。

杨　：呵呵。谢谢。老师您也用这种文字画和表示表情的小图标吗？

谷口：嗯，偶尔也用。那是女孩经常用的，在男性看来，会觉得有些过头儿了。

杨　：我也只是偶尔画文字画。在给朋友发邮件时，绘画文字是交流的重要工具。如果不用绘画文字，会给人很冷漠的感觉。

谷口：是吗？手机里的表示表情的图标，最初是从日本兴起的哟。

杨　：是吗？

谷口：最开始只是最简单的，随着手机公司的竞争，开始有了比较复杂的图标。

杨　：当然也有像我这样自己用文字来画画的人吧。

谷口：嗯，当然有。在日本，很早就有"用假名画的头像"（在纸上给小杨写"用假名画的头像"）。

杨　：啊，这个，不是人的脸吗？

谷口：是。是不是看起来挺悠闲的呀？小时候，经常被朋友说："很像你。"

杨　：是吗？不过真的……

2. 练习答案

二、1．能力　　　　　2．我慢　　　　　3．学科
　　4．切符　　　　　5．強烈

三、1．きょうそう　　2．いしんでんしん
　　3．げいじゅつてき　4．げんてん　　　5．だま

四、1．で，に，が　　2．ほど，に　　　3．と
　　4．が　　　　　　5．も，が

五、1．「もう一度学校に戻って，探しなさい」と言った
　　2．勝手に食べたりしない

3．650点もとる

4．時間を大切にしなければならない

5．落としたのかもしれません

六、1．c　　　2．c　　　3．b　　　4．b
　　5．d　　　6．b　　　7．d　　　8．c

七、1．彼が成功したのは，その勤勉さの結果にほかならない。

2．あの方はさすがに有名な学者だけあって，国内外で広く知られている。

3．彼はよく日本人と会話をしているからこそ，こんなきれいな日本語がしゃべれるのだ。

4．はやくのんびりした田園生活ができるのを楽しみにしています。

5．あなたの中国語の文章はますます上手になりましたね。

八、1．（狭い日本では，他人にわかるように言葉でよく説明をする必要があまりなかった。）昔から言葉を多く口にすることが決していいことだと思われて来なかったから。

2．「いいわけをしない，苦しくても口に出さず我慢する」という武士のモラルが，現代の人々にも理解されているから。

3．交通機関や情報技術の発展により社会が複雑になって，特に国際社会ではコミュニケーション能力が大切になっているから。

九、（1）d　　　（2）b

第16課
ポップカルチャー

本课重点:

一、コミュニケーション表現
1. 今度,上海のオタクについて取材してみたいんですが,どうでしょう。
2. オタクって,アジアだけじゃなくて欧米にもいるんだってね。
3. あの頃は「オタク」なんていうと,すごく暗いイメージがあったけれど,今は昔ほど暗くはないよね。

二、文法
1. 构成动词　得る
2. 接尾词　そのもの
3. 后缀　げ
4. 构词形容词　がたい

三、文型
1. ～に向けて,～
2. ～ほど～は～ない（～は～ほど～ない）
3. ～に関する～

四、言葉の使い方
1. もちろん　　2. いっさい
3. あらゆる　　4. 絶対

五、解釈
衣食足りて礼節を知る

一、知识链接

1. 补充讲解

（1）"さすが"的用法

课文中有这样的句子："さすがに日本の生み出したキャラクターですね。昔の日本女性そのものです"，意思是"真不愧是诞生于日本的'Character'啊，简直就是过去的日本女性的写照"。这里的"さすがに"用于表示与想象中的或听到的一样，"的确是……"的意思。

"さすが"是副词，具体使用时有"～はさすがだ"、"さすがは～だ"、"さすがに～"、"さすがの～も"等形式。相当于汉语的"不愧为……"、"的确是……"、"连……都……"等意思。其中"～はさすがだ"、"さすがは～だ"、"さすがに～"更倾向于正面评价，"さすがの～も"更倾向于表示与想象中的或听到的相反的意思。

例：① 林君はさすがだ，よくやった。/小林的确了不起，做的太好了。

② さすがは香港だ，にぎやかなものだ。/的确是香港，就是热闹。

③ 名人だけあって，さすがにうまいものだ。/到底是名人，就是棒！

④ 力のある男だが，さすがに疲れたようだ。/他是很有力气，但确实是累了。

⑤ さすがの横綱も怪我には勝てない。/就连顶级的大力士也拿伤病没办法。

⑥ さすがの僕もそこまでは言えない。/就连我也只能说这些。

（2）"がたい"与"にくい"

本课学习了构词形容词"がたい"的用法，表示"难以……"的意思，与它意思和用法接近的有"～にくい"。这两种用法很多情况下可以互换，但"～がたい"多使用于抽象的意思，"にくい"多使用于具体的意思。

例：① それはなかなか得難い機会だ。/这是很难得的机会。

② それはもう動かし難い事実になっているので，だれがなんと言っても変えられない。/这已经成为无法改变的事实，无论谁说什么都没用。

③ その人には捨てがたい過去があるようだ。/那个人似乎有难以割舍的过去。

④ 字が小さすぎて，とても読みにくい。/字太小了，读起来费事。

⑤ あの人には相談しにくいことだから，黙って仕事を始めた。/这是件很难和他商量的事情，所以没打招呼就干起来了。

⑥ やる気はあるはずなので，このまま終わるとは考えにくい。/他是想做的，很难想象这就结束了。

（3）和"こと"相关的句型

我们已经学过几个带"こと"的句型，其中有些是和事情发生的频率相关的，在这里做一下梳理。

○〜たことがある/ない

接在动词的过去式后面，用来叙述曾经或未曾经历过的事情。相当于："曾经（不曾）……过……"。

例：① このあたりは過去，何回か洪水に見舞われたことがある。/这里曾经几次遭受过洪水的冲击。

② そんな話は聞いたこともないよ。/这种事我没听说过。

○〜る（ない）ことがある/

接在动词词典形或动词否定形后面，表示有时或偶尔发生某事。相当于汉语的："有时……"。

例：③ 徹夜仕事をする途中，ソファーでちょっと寝ることがある。/彻夜工作的时候，有时中间会在沙发上稍微休息一会儿。

④ 彼は仕事が忙しくて，食事の時間をとれないこともあるそうだ。/据说他有时忙得甚至没有时间吃饭。

○〜ることが多い

接在动词词典形后面，表示经常发生某事。相当于汉语的："经常……"。

例：⑤ 土日は，寝坊することが多い。/我周末经常睡懒觉。

⑥ このごろ，誰にも相談しないで，一人で行動することが多い。/最近经常不和任何人商量，一个人做些事情。

○めったに〜ることがない

用于表示发生频率很低的事情。相当于汉语的："几乎不……"。

例：⑦ 彼とはふだんめったに会うことがない。/平时几乎见不到他。

⑧ あの人は気難しいから，私からはめったに話しかけることがない。/那个人脾气有些怪，所以我很少和他打招呼。

⑨ 近くにプールがないから，めったに泳ぎに行くことはない。/附近没有游泳池，所以很少去游泳。

2. 词汇趣谈

（1）受《论语》的影响，日语中对年龄也采用以下的说法：

　　　　十五歳：志学（しがく）　　　　　三十歳：而立（じりつ）

　　　　四十歳：不惑（ふわく）　　　　　五十歳：知命（ちめい）

　　　　六十歳：耳順（じじゅん）　　　　七十歳：古希（こき）

另外，为了祝贺长寿，也采用以下说法。这里指的是虚岁，按实足年龄计算的话，应减一岁。

　　　　七十七歳：喜寿（きじゅ）　　　　八十歳：傘寿（さんじゅ）

　　　　八十八歳：米寿（べいじゅ）　　　九十歳：卒寿（そつじゅ）

　　　　百　　歳：白寿（はくじゅ）　　　百八歳：茶寿（ちゃじゅ）

　　　　百十一歳：皇寿（こうじゅ）

3. 文化趣谈

日本的传统戏剧——"能"

"能"是日本的传统戏剧，也是世界上现存的最古老的戏剧之一。"能"源于古代舞蹈戏剧形式和12、13世纪在日本的神社和寺院举行的各种节庆戏剧。"能"具有才能或技能的意义。演员通过面部表情和形体动作暗示故事的本质，而不是把它表现出来。现在这一剧种在日本仍具有顽强的生命力。

日本的能剧和狂言的产生可以追溯到8世纪，随后的发展又融入了多种艺术表现形式，如杂技、歌曲、舞蹈和滑稽戏。今天，它已经成为了日本最主要的传统戏剧。这类剧主要以日本传统文学作品为脚本，在表演形式上辅以面具、服装、道具和舞蹈组成。

能剧和狂言属于两种不同的戏剧类型形态。"能"表现的是一种超现实世界，其中的主角人物是以超自然的英雄的化身形象出现的，由他来讲述故事并完成剧情的推动。现实中的一切，则以面具遮面的形式出现，用来表现幽灵、女人、孩子和老人。"狂言"则是以滑稽的对白、类似相声剧一样的形式来表演。无论是能剧还是狂言，剧本所采用的语言均为中世纪时的口

语。能剧及狂言在今天的社会中，遇到的最大威胁，就是青年人对古老戏剧失去了兴趣。

联合国世界遗产委员会对能剧和狂言提出了具体的保护计划，日本政府也已经把能剧及狂言列入到"文化财产"之列，能剧和狂言及其艺术家们得到了全方位的保护。培训戏剧演员的计划得到了日本政府提供的财政支持，一整套记录该古老剧种的计划正在筹备实施当中。

"オタク"补遗

在第8课中我们已经介绍过"オタク"的相关信息，这里再作一点补充。

第8课的介绍中已经说过，最初"オタク"给人的印象是穿戴上不修边幅，起居、生活没有规律，拒绝和他人交往，而且主要指单身男性。但是近几年发生了变化，首先是不只局限于男性，而且自己可以轻松地说"自分はオタクである"，生活、起居也趋于正常。

过去经常说"〜ファン"、"〜マニア"，现在可以说"〜オタク"，是"……迷"的意思。课文中出现的"鉄道オタク"，即如此。日本历来喜欢铁道的人很多，而且基本上是男性。现在也出现了不少女性，甚至有了"鉄子（てつこ）"的叫法。

二、中国人的学习难点

"〜たとたん（に），〜"和"〜かと思うと，〜"

这两个句型都可以翻译成"一……就……"。它们的区别在于："〜たとたん（に），〜"强调的是以"〜たとたん（に）"为导火线瞬间发生的预料之外的事情。前项和后项具有因果的关系，后项为说话人的主观判断。而"〜かと思うと，〜"由于其中使用了"思う"，表示的是说话人对某个事态的判断，后项表述的是说话人看到的其他人的行为。前项是后项行为发生的契机，而不是因果关系。

例：① 押入れの戸を開けたとたん，中の荷物が飛び出してきた。/一打开壁橱的门里面的物品就掉了出来。

② 彼女はその話を聞いたとたん，泣き出してしまった。/她一听到那件事情就哭了起来。

③ 空が暗くなったとたん、雨が降り出した。/天刚暗下来，就下起了雨。

④ 彼は布団に横になったかと思うと、いびきをかいて寝てしまった。/他刚一躺进被窝里就打起呼噜睡着了。

⑤ 今年こそ冷夏かと思うと、猛暑で毎日うだるような暑さだ。/刚以为今年是冷夏，谁知却是连日酷暑，每天热得受不了。

⑥ 熱心に授業に出る学生がいるかと思うと、全然出席せずに試験だけ受けるような学生もいる。/刚还以为都是热心听课的学生，就有不听课只参加考试的学生。

由于有以上说到的不同，所以在使用中会有以下的差别：

⑦ ○私は立ち上がったとたんに、めまいがした。
　×私は立ち上がったかと思うと、めまいがした。

⑧ ほめられたかと思うと、すぐまたけなされる。
　×ほめられたとたんに、またけなされる。

三、参考译文和练习答案

1. 参考译文

第16课　大众文化

课文　凯蒂猫

"Character"本来是用于表示"性格"的外来语，但是它有不同的意思。电影、小说或者漫画、游戏里出现的人或动物等角色被称为"Character"。有时略称为"Chara"。

在制作商品广告时，可以使用"Character"或使用演员，往往前者的长处更多一些。首先，"Character"不会变老。而演员不仅会变老，有时还会绯闻缠身或发生事故。比如，出演汽车广告的演员也有可能发生交通事故。如果那样的话，不用说汽车公司，广告公司等许多人都会因此受到牵连。如果是"Character"，就没有这样的担心。

有很多从日本走向世界的"Character"。凯蒂猫就是其中之一。凯蒂猫出生于1974年，与米奇一样，年龄不确定。小孩子看到她，觉得她是小孩，大人看到她，觉得她是个够格的大人的朋友。

仔细观察一下凯蒂，你会发现她没有嘴。也就是说，凯蒂不会自我主张什么。

"真不愧是诞生于日本的'Character'啊，简直就是过去的日本女性的写照。"有位意大利记者这样表述自己的感想。这个说法似乎合适，但又有些过分。凯蒂没有嘴也许正是出于这样反而更能表达喜怒哀乐所有感情这一深远考虑。

英国一位12岁的女孩，在自己的房间里摆满了凯蒂系列商品。她带着害羞的神情回答了杂志的采访。"凯蒂是非常善良的朋友。我高兴，她就会变成一副'太好了！我也很高兴'的表情。当我哭泣时，她也会陪我一起哭泣。"

始于14世纪的"能"是日本的传统戏剧。表演者带着"能面"这一面具，但能面是完全没有表情的。这样反而能够表现所有表情。很难想象这个欧洲的女孩子知道日本的"能乐"，但她一定理解了人与人之间的这种共通的感觉吧。

会话 衣食足而成为御宅族

佐藤遥香与日本某杂志社的总编会面，开碰头会。

佐藤：这次，我想采访一下上海的御宅族，您看怎么样？

总编：啊，有意思啊。上海的御宅族，我也略有耳闻，人数相当多，而且出现了各种各样的店。

佐藤：是。虽然北京也有，但是没有上海多。我有熟悉这方面情况的中国朋友，所以一定会写出很有意思的报道的。

总编：听说御宅族不仅在亚洲，欧美也有呢，成为世界性的了。仔细想来，这个词儿也比较旧了。

佐藤：关于"御宅族"，我进行了各种各样的调查，据说是80年代初期出现的说法。

总编：那时提到"御宅族"，给人的感觉特沉重，现在的感觉没过去那么沉重了，是吧？

佐藤：是。与20年前相比，动画片和漫画的社会认知度已经到达了很高的程度了。

总编：是的。真正的御宅族是一种很奢侈的身份啊。他们住在父母家里，不工作，只做自己喜欢做的事情。都说"衣食足而知礼节"，但当衣食足了，本该知礼节了，没想到却成了"御宅族"了。

佐藤：是啊。真正的"御宅族"根本不工作，只追求自己喜爱的东西。一般人是做不到的啊。

总编：我儿子绝对成不了真正的"御宅族"的。因为只要他一成为"御宅族"，我夫人就会没收他的衣服和食物，把他轰出家门的。

佐藤：哈哈哈。总编您也是铁道御宅族，要小心呀！

2. 练习答案

二、1．迷惑　　　　2．喜怒哀楽　　　3．感想
　　4．共通　　　　5．絶対

三、1．ほんらい　　2．こうこく　　　3．いしょく
　　4．ひょうじょう　5．りてん

四、1．を　　　　　2．は　　　　　　3．ほど
　　4．が，を　　　5．に，から

五、1．みんなでよく考えてみてください
　　2．足が悪くなってきた
　　3．あの元気な人でも病気になる
　　4．便利なこと
　　5．壊されてしまいますと言った

六、1．b　　2．d　　3．d　　4．a
　　5．a　　6．c　　7．c　　8．d

七、1．スピーチコンテストに向けて，学生たちは土日も休まないで練習している。
　　2．あの人ほど中国の事情を知っている人はいないだろう。
　　3．みんなが困っている時に，あんなうそをつくとは許しがたいことだ。
　　4．あの人はやることがなく，退屈げにテレビを見ている。
　　5．それはありえないことだ。

八、1．①
　　2．口がない方が喜怒哀楽すべての感情を表せるから。
　　3．キティは1974年生まれだから確かに30代だ。しかし，ミッキーと同じようにいつでも子どものようになれるので，年は関係がない。
　　4．① タレント，スキャンダル　　② コマーシャル
　　　　③ イギリス，インタビュー

九、① イヌやクマ（のキャラクターが多かったと考えられる）。
　　② c
　　③ いろいろな服を着せ，たくさんの商品のコマーシャルにキティが出られるようにした。

第17課
観光産業

本课重点:

一、コミュニケーション表現
1. 冷めた料理を出すとは何ごとか。
2. どう，仕事はなれた？——まだまだです。
3. そう言えば，僕が学部の時，アルバイトをしていたレストランの店長も汚いことや，みんながいやがる仕事は率先してやっていたな。
4. そりゃあ，大いに見込みはあるよ。
5. それまではどんな辛いことがあっても歯を食いしばってがんばります。

二、文法
1. 格助詞 と③
2. 前綴　数
3. 后綴　（1）次第（2）がる
4. 形式名詞　もの③
5. 感叹詞　ふーん

三、文型
1. ～における～
2. ～としても，～
3. ～によれば，～
4. ～という
5. ～となると，～
6. ～から来る
7. ～に基づいて，～

四、言葉の使い方
1. やはり
2. ちょっとした
3. 恥をかく
4. 見込み

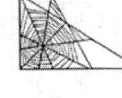
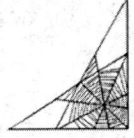

一、知识链接

1. 补充讲解

"～て（ないで）ほしい"

在第11课曾讲过"～てほしい"的用法，本课再做些补充。"～て（ないで）ほしい"用于表示说话人对听话人提出希望或要求，也可以表示说话人的愿望。接在名词后面时用"～であってほしい"的形式。一般用于同辈或晚辈。相当于"希望（不希望）……"。

例：① クラス会の予定が決まったら、すぐわたしに知らせてほしいです。よろしくお願いします。/班会的日程一定下来希望你立刻通知我。拜托了。

② （手紙）毎日、寒い日が続いています。早く暖かくなってほしいですね。/（信）每天都很冷。真希望早日暖和起来。

③ このことはほかの人には言わないでほしいです。/希望你不要把这件事情告诉其他人。

④ ふるさとはいつまでも気が休まる母親の懐のようであってほしい。/我希望家乡永远是可以休息的母亲的怀抱。

否定的形式有"～ないでほしい"和"～てほしくない"两种方式。"～てほしくない"的意义多与对方无关，而只是说话人陈述自己的要求和希望，有时也用于责难对方。

例：⑤ 子供にはいつまでも漫画の世界にいてほしくない。/我不希望自己的孩子永远生活在漫画的世界里。

⑤ 姉：この部屋、ずいぶん汚いね。/这个房间真脏啊。
　　妹：お姉さんだって全然片づけないじゃない？私にそんなことを言わないでほしいな。/姐姐你不是也不收拾嘛。希望你不要说我。
　　（责难）

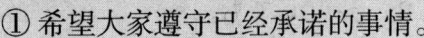

考考自己：将下列句子翻译成日语。
① 希望大家遵守已经承诺的事情。
② 我不希望你成为只会发牢骚的人。
③ 希望你不要把我的秘密告诉别人。
④ 如果可能的话也希望你参加这次志愿者活动。
⑤ 希望这种对大自然的爱是永恒的。

答案：① 皆さんが約束したことを守ってほしいです。② あなたには文句ばかり言う人になってほしくない。③ 私の秘密をほかの人に漏らさないでほしい。④ できれば、あなたにも今度のボランティア活動に参加してほしい。⑤ このような自然への愛は永遠なものであってほしい。

2. 词汇趣谈

（1）カニ

教科书的p.141有这样一个句子："昼間はスキーをし，夜は新鮮な刺身やカニを食べ，温泉に入るコースが喜ばれているという"。按照中国人的习惯，其中的"カニ"如果书写成"蟹"可能读起来更自然，因为"カニ"并不是所谓的外来语。

其实这是有原因的，因为"蟹"不在规定的常用汉字之列，另外，在作为做菜的材料时，习惯用片假名表示。比如："トリ（鶏）"、"ブタ（豚）"、"コメ（米）"、"カボチャ（かぼちゃ）"、"ナス（茄子）"等等。但是"牛（ぎゅう）"，也许是音读的关系，不用片假名书写。

（2）まだまだ

副词"まだまだ"从形式上来看是"まだ"的强调形式，有"还"、"仍"、"尚"等意思。

例：① まだまだたくさんある。/还有很多。
　　② まだまだ記憶に新しい。/仍记忆犹新。
　　③ まだまだ増えるはずだ。/应该还会增加。

这里的"まだまだ"直接修饰的是动词或形容词等用言。现在我们看到的句子是一个普通的叙述句，实际上都是有前提的。如：例①是对"まだある？"的回答；例②是对"まだ記憶にある？"的回答；例③的前提是"まだ増えるだろうか"。由于它们都具备了对前提加以肯定的意义，所以在日常会话中经常以"まだまだだ"的形式出现。如课文中的：

A：どう，仕事に慣れた？
B：まだまだです。

完整的回答应该是："いいえ，まだ慣れていません"。为了表达这层意思，又为了加强语气，就成了"まだまだです"。这个用法很方便，所以日程会话中经常被使用。

例：④ A：日本語はもう不自由しないでしょ？
　　　　B：いいえ，まだまだです。
　　⑤ A：仕事のほうはもう完全に軌道に乗っているでしょう？
　　　　B：まだまだです。

除此之外，也表示一种谦虚的态度。

例：⑥ A：日本語が上手ですね。
　　　B：いいえ，まだまだです。

3. 文化趣谈

日本的火锅——鍋物(なべもの)

在日本，火锅的种类很多，是深受人们喜欢的。比较有特色的是相扑选手每天都要吃的火锅，叫"ちゃんこ鍋(なべ)"，营养价值很高。火锅里放入鱼、肉和各种蔬菜，再加上盐、酱油和蛋黄酱等佐料。过去火锅里不能放入牛和猪等四条腿动物的肉，因为如果相扑选手在比赛时手着地就输了。但是现在为了更好地吸收营养，相扑选手要经常吃营养搭配很好的火锅。不过他们吃的火锅很大，一份足以让20个普通人吃饱。

受西方的影响，日本从19世纪末开始吃牛肉。今天用平底锅烧牛肉等的"肉片火锅/すきやき"已经成了很有人气的日本料理。牛肉在各地的吃法不一样。在日本东部地区，用酱油作佐料，牛肉在锅里烧完后，还要煮一会儿。在烧肉时，除牛肉本身的油脂外，不加任何油脂。

另外一种很常见的是涮着吃的火锅，在日语中叫"しゃぶしゃぶ/呷哺呷哺"，把牛肉切成薄片在锅里煮，然后用醋和麻酱蘸着吃。类似我们吃的涮肉。

在秋田县有一种特别的火锅，叫"いしなべ/石烧火锅"。就是把烧热的石头直接放入锅中，进行烹调。据说这一带的石头不易烧裂，所以自古以来渔民在海边用这种方法吃火锅。火锅的材料是新鲜的鱼类，放入火锅的石头要烧到摄氏80度左右。

因为火锅受欢迎，"鍋奉行(なべぶぎょう)"这个词应运而生。"奉行(ぶぎょう)"是封建时代的官名，指奉命处理事务的人。"鍋奉行"是吃火锅时，指挥大家按顺序将肉和蔬菜等下锅，并告诉大家什么时候吃最好吃的人。因为大家喜欢火锅，所以大家聚会时总有这样的掌握火候的热心人。

二、中国人的学习难点

日语口语中的"约音"现象

日语口语中有很多音被省略掉或出现约音、音便等现象。由于其中的"约音"现象形式较多，所以对于中国的日语学习者来说有一定的难度。常用的"约音"现象如下：

1. ちゃ／じゃ
   ～てはいけない→～ちゃいけない
   ～ではいけない→～じゃいけない
   ～ではない→～じゃない

2. ちゃ／きゃ
   ～なくてはいけない→～なくちゃいけない
   ～なければならない→～なきゃならない

3. りゃ
   これは→こりゃ
   それは→そりゃ
   あれは→ありゃ
   すれば→すりゃ
   きいていれば→きいてりゃ

4. ちゃう／じゃう
   てしまう→ちゃう
   てしまった→ちゃった
   てしまおう→ちゃおう
   でしまう→じゃう

5. とく
   ておく→とく
   ておいて→といて
   ておいた→といた
   ておこう→とこう
   ておけば→とけば

考考自己：在下列句子中画线的部分改成普通的说法。

① 言っとくけど，テレビをそんなに近くで見ちゃいけないよ。2メートルは離れなくちゃ/離れなきゃ。毎日そんなに近くで見てりゃ、すぐ目を

悪くしちゃうよ。」

② 「王さんに電話しといて。まず会費のことだけでも伝えとこう」
「もうしちゃったよ。わかったって言ってた。会費が高くていやんなっちゃうって」
「そうか、王さんはまだ学生だからな…じゃあ、学生は少し安くしようか」
「そりゃあ、公平じゃないよ」

解答：① 見てない/見ていない、つけっぱなしになってる/なっている。すぐ消しとこう/消しておこう。毎日見てるよ/見ているよ。テレビをそんなにつけてたら/つけていたら、ストーリーは知れないよ/知られないよ。

② 王さんに電話しといて/しておいて。まず会費のことだけでも伝えとこう/伝えておこう。もうしちゃった/してしまった。わかったって言ってた/言っていた。会費が高くていやんなっちゃう/いやになってしまう。そうか、王さんはまだ学生だからな…じゃあ、学生は少し安くしようか。そりゃあ、公平じゃないよ。

三、参考译文和练习答案

1. 参考译文

第17课　旅游业

课文　以旅游立国为目标

图Ⅰ是2006年各国接纳外国游客的人数。接纳外国游客最多的国家是法国，约7910万人，排在第2位的是西班牙，5850万人，第3位是美国，5110万人，第4位是中国，4900万人。日本排在第30位，730万人。近年来，访问日本的游客在不断增加。但是，与旅游海外的日本人数相比，来日本旅游的外国人的数量还太少。日本尽管比不上拥有很多世界遗产的中国，但值得看的地方也不少。为此，日本政府从数年前就开始积极地实施吸引游客来日本的计划。政府的这项计划是希望到2010年接纳外国游客要达到1千万人。

图Ⅱ是最近10年间各国外国人游客数量的变化（前6个国家）。根据这个数据，来日本的游客还是以亚洲人居多。特别是最近这两年，从韩国来的游客明显增加。当然有来工作的，也有来探亲的，来旅游的人尤其呈增加趋势。

特别有人气的是在北海道滑雪的包干旅行。很多游客来了不止一次。据说白天滑雪，晚上吃新鲜的生鱼片或螃蟹、泡温泉的线路特别受人欢迎。但是，也不全都是好的事情。接纳外国游客的酒店、旅馆一开始有很多事情摸不着门。不仅仅是语言问

题，还有"温泉的水太热下不去"，"生鱼片是好吃，但由于没有辣的调料，（吃过后）没有吃过的感觉"，"上来的饭菜都是凉的，这算怎么回事"等等游客的抱怨很多。

最后那条意见源于，在日本如果数十人一起用晚餐，是无论如何也难以吃到热腾腾的炸什锦这道菜的。这条意见是通过设法多提供火锅类饭菜等办法解决的。相关人员说只要稍微动动脑筋，顾客的不满是能够解决的。据说旅游点的市政府也一起开研讨会，反复进行了研究。

此外，日本政府在2007年与中国和韩国政府共同规划推进日中韩周边团体旅行，以吸引欧美游客。旨在招徕参加奥运会和世界博览会、国际会议的游客能顺路到其他国家一游。为此，正在讨论导入比如在3个国家均能使用的交通卡等。

会话　正在接受OJT培训

谷口耕太暂回日本期间，遇到了大学时代的学弟王兆辉。他今天3月大学毕业后，开始在日本的一家宾馆工作。

谷口：怎么样，工作习惯了吧？

王　：还没有。现在正在参加OJT的培训。截止到上个月，一直在客房部做了3个月。

谷口：是吗？打扫客房是个既单调又不起眼的工作，年轻人很难坚持干下去吧？好在只是3个月，只有忍耐一下了。

王　：不，要是抱着那种心情是干不来的。打扫客房不是我工作的最终目的，但它是宾馆的基本工作之一。即使是管理层的人也熟知铺床、打扫卫生间的正确方法，能够实际操作的。

谷口：原来如此。上司这样身先士卒也许正是日本企业的特点，是吧？

王　：是啊。我也从学生时代通过打工习惯了这种方式，所以觉得理所当然。

谷口：说起来，我读大学的时候，打工的那家餐馆的店长也是带头干那些脏活或者谁都不愿意做的活的。

王　：是吗？从这个月我开始做调整客人的住宿预约。并不是照着便览做就可以，所以还是很不容易的。每天都会出丑儿或是挨骂。

谷口：那很辛苦啊。对了，最近从中国来日本的游客不断增加，你们宾馆里有这样的客人吗？

王　：还没有。不过，最近从韩国来的家庭旅游的人多了不少。其实，我之所以在这儿就职也正因为这一点。将来，希望中国的游客光临。

谷口：那，肯定是大有希望的哟。去年，来日本的中国游客与其他国家相比，一直处

于高增长率状态，昨天我在网上看到这条新闻。
王：确实是这样。早的话，希望能在3年后制定计划并实施。在那之前，无论多么艰难也要咬紧牙关努力奋斗。

2. 练习答案

二、1．実施　　2．苦情　　3．鍋物　　4．推進　　5．特徴

三、1．すいい　　　　2．くふう　　　　3．しだい
　　4．そっせん　　　5．しゅうしょく

四、1．と　2．で　3．を，ば　4．が，で　5．で，を

五、1．話が止まらなくなる
　　2．あの2人は結婚するそうだ
　　3．一番大きな問題だ
　　4．木が全部枯れてしまった原因
　　5．受ける会社をいくつか決めた

六、1．b　　　　2．d　　　　3．b
　　4．a　　　　5．b　　　　6．d

七、1．あの人は皆にいやがられているようだ。
　　2．今週は忙しいから、彼女と会えるとしても週末だろう。
　　3．いままでの経験に基づいて出した判断は正しかった。
　　4．話によれば、彼は最近困ったことがあったそうだ。
　　5．これほど大企業の経営状態が悪いとなると、将来は危ないのではないか。

八、1．観光地の市役所と一緒に勉強会を開き、研究を重ねている。
　　2．例：交通が便利そうだが、どれに乗ればよいか、わからないだろう。
　　　　　刺身が嫌いなので、困るだろう。
　　3．省略
　　4．① 2360万　② 2020万　③ 10　④ 110万　⑤ 3

九、(1) すしはおいしいが、やはり辛いものも一緒に食べたいから。
　　(2) 申しわけないな
　　(3) a

第18課
会社と社会

本课重点：

一、コミュニケーション表現
1. 所長，ちょっとお時間よろしいですか。
2. はあ，それでわかりました。
3. セイホウさんで中国にかけては清水さんの右に出る人はいないようですね。
4. それは結構なことだね。
5. 多分，清水さんのことだから，雲南省の後はベトナムに進出することもちゃんと織り込み済みなんじゃないかな。

二、文法
1. 后缀　弱
2. 接续词　いずれにせよ/いずれにしても
3. 感叹词　はあ　　　　4．形式名词　こと②

三、文型
1. ～にしたがって，～　　2．～からといって，～
3. ～にあたって，～　　　4．～とのことだ
5. ～にかけて，～

四、言葉の使い方
1. きちんと　　2．うち　　3．相談
4. 結構　　　　5．さっそく

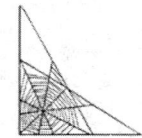
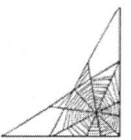

一、知识链接

1. 补充讲解

"AばかりかBも〜"和"AはおろかBも〜"

本课出现了使用"AばかりかBも"的句子："環境を汚すような企業は社会の尊敬を得られないばかりか，その商品やサービスも評価されません"。这个句式表示添加的意思，意为"不仅……，（连）……"。

例：① あの店の料理は安いばかりか味もいいので，とても人気がある。/那家饭店的饭菜不仅价格便宜，味道也不错，所以很有人气。

② 昼ご飯ばかりか晩ご飯までご馳走になって，もうしわけございません。/不仅是午饭，连晚饭也让您请我，真是非常不好意思。

"AはおろかBも〜"貌似"AばかりかBも〜"，但意思相去甚远，表示波及的范围。相当于：

"不光……，连……"。多表示贬义。

例：③ 今度の事件で金はおろか，命までも奪われるところだった。/在这次事件中不仅是金钱，连命都险些被夺走。

④ 私はお酒を飲むことはおろか，匂いを嗅ぐだけでも気分が悪くなる。/我别说喝酒了，就连闻到酒味都不舒服。

> 考考自己：把下列句子翻译成日语。
> ① 她不仅是日语，英语、法语也说得很好。
> ② 他不仅跑得快，其他体育项目也很棒。
> ③ 那个人别说是外语了，连中国话都说不好。
> ④ 就这速度，别说12点到达了，2点也到不了。

2. 词汇趣谈

（1）セイホウさん

教科书p.171的会话中浜田说："セイホウさんの新しい工場の件なんですが"。其中的"セイホウ"是公司的名字。除人名以外，成人在大学、公司等团

> 答案：① 彼女は日本語ばかりか，英語もフランス語も上手だ。
> ② 彼は走るのが速いばかりか，ほかのスポーツも得意だ。
> ③ あの人が外国語はおろか，中国語も上手に話せない。
> ④ このスピードでは12時到着はおろか，2時になっても着かないだろう。

体、组织后面加上"さん"的说法是很普遍的。特别是公司等对顾客说话时是必须要加上"さん"的，在公司内提到其他组织时也是需要加上"さん"说话的。

例：① 東京大学さんはいかがですか。
　　② パナソニックさんは3人です。

此外，还常常使用"あちらさん（様）"、"こちらさん（様）"、"ご苦労さん（さま）"、"お疲れさん（さま）"等说法。

（2）与"手"相关的说法

在日语中，表示身体部位的词"手"除了本义之外还有很多引申义，而且有很多惯用句。"手"可以表示"人手"的意思，如："猫の手も借りたい/忙得不可开交"；还可以表示"本领"，如："手が上がる/大有进步"；还有"工夫"的意思，如："手がかかる/费事"。而在"手を打つ/采取措施"中，"手"又表示"方法、手段"等等。这样的用法还有很多，若能记住它，并准确地运用，会丰富我们的日常会话。这里再介绍几个与"手"相关的惯用句：

① 手に余る/力不能及　　この仕事は私の手に余る。
② 手を貸す/帮助　　　　一人の力では無理だから、手を貸してちょうだい。
③ 手を付ける/开始做　　あまりにも複雑だから、どこから手をつけたらよいのかわからない。
④ 手を引く/退出不干　　先月、プロジェクトチームから手を引いた。
⑤ 手が空く/有空儿　　　手が空いたら手伝いますから、少し待ってください。

3. 文化趣谈

日本奖学金的种类

在日本学习的外国留学生都可以申请日本的各类奖学金和学费减免。根据2002年3月日本国际教育协会对自费外国留学生的调查显示，有57.6%的留学生获得了各类奖学金，奖学金数额每月平均为70,000日元左右。在日语学校学习的留学生能获得奖学金的人很少，据1999年日本语振兴协会的调查，只有9.6%的留学生获得了奖学金，奖学金数额平均每月为36,320日元。日本针对留学生设立的奖学金种类很多，分别具有特定的申请条件和发放范围。

1. 日本政府奖学金——文部科学省奖学金

1954年开始日本政府通过文部科学省为外国留学生发放奖学金，获得此类奖学金的留学生称为"国费生"。奖学金金额每月为142，000日元至275，000日元不等。文部科学省奖学金设有七种类别，分别对申请人的国籍、年龄、专业、学历等有一定的要求。文部科学省奖学金的申请方式一般是通过日本的驻外使（领）馆，或通过日本的大学这两条途径申请。

2. 日本国际教育协会奖学金

民间企业和个人通过日本教育振兴协会为留学生发放的奖学金。奖学金额度为每月80，000至200，000日元不等。

3. 地方政府及国际交流团体奖学金

日本的地方政府及国际交流团体为居住在当地或在当地大学学习的留学生设立的奖学金。奖学金的发放形式多样，除了支付一定的学费、生活费外，还有住宿补助、国民健康保险补助、交通费补助等，此类奖学金也可在日本境外申请。

4. 民间团体奖学金

日本的民间企业或民间团体为留学生发放的奖学金。根据各企业和团体的业务内容和工作性质对发放的对象要求各不相同，有的以团体和企业所在学校的留学生为对象，有的限定与企业有关的研究领域或与企业有交流的国家和地区的留学生。

5. 学校奖学金

日本的有些学校为在该校学习的留学生发放奖学金。

二、中国人的学习难点
"～からといって～"和"～にもかかわらず～"

"～からといって～"是属于"～ても"系列的让步的表现，表示"いくら～（の）理由があったとしても～"，换句话说，"から"前面的不是百分之百的理由，或不能成为正当的理由。相当于汉语的"不要因为……就……"。其特征

是句末为否定形式。

例：① 日本人だからといって，敬語が正しく使えるとは限らない。/就算是日本人，也不一定能准确地使用敬语。

② 遊びたいからといって，学校を休むことはできない。/虽说很想玩，也不可以旷课。

而"～にもかかわらず～"是属于"のに"系列的转折表现，表示"虽然有……的事态，但是……"的含意。后项多为不受前项境况、条件的限制和影响，照常进行或照常存在。相当于汉语的"虽然……但是……"、"尽管……但是……"。

例：③ 突然の激しい雨にもかかわらず，試合は続行された。/尽管突然下了暴雨，比赛仍然照常进行了。

④ Aさんは仕事中だったにもかかわらず，突然訪れた私を快く出迎えてくれた。/虽然A正在工作，但仍然愉快地来接突然到访的我。

考考自己：在下列句子的____处填入"からといって"或"にもかかわらず"。

① 彼女は体が弱い____，よくここまでがんばった。
② いろいろな問題がある____，ここで計画を変えるべきではない。
③ 彼はみんなに反対された____，自分の意見を変えようとしなかった。
④ 注意された____，また，忘れた。
⑤ 生活が保障されている____，ここでの生活が愉快であるというわけではない。
⑥ 暑い____，一日中冷房がきいている部屋にいることは体によくない。

答案：①にもかかわらず ②からといって ③にもかかわらず ④にもかかわらず ⑤からといって ⑥からといって

三、参考译文和练习答案

1. 参考译文

第18课　公司和社会

课文　企业的社会责任

我想发表一下我就日本企业《如何致力于"社会责任"》的调查结果。"企业的社会责任"也被称作CSR，英语叫作 Corporate Social Responsibility。"企业的社会责任"究竟指的是什么呢，接下来我们边看表边进行说明。

请看摘要的图Ⅰ。这是"日本经团连[1]"对会员企业进行调查的结果。通过这个圆形图表可以看出，"意识到CSR而进行活动"的企业占75.2%，是一个很高的比率。

图Ⅱ是就开始致力于现在的CSR时期进行的提问。2003年以前开始致力于CSR的公司最多，占52.7%，从2004年、2005年起致力于CSR的公司也有不到47%，可以说CSR还是一个比较新的想法。

请看图Ⅲ的柱状图形。这是各个企业目前优先实施CSR的领域和今后想要充实的领域。目前优先实施的前三位首先是"遵纪守法，遵守法令"，也就是遵守法律。其次是"环境"，然后是"安全、品质"。环境问题对于企业来说是非常重要的，备受瞩目。污染环境的企业不仅得不到社会的尊重，其商品和服务也不被看好。

今后想要充实的领域当中比较有特色的是"交流"领域。这是指就现在公司正在做些什么，今后将要做什么等，给股东和员工、或者在企业附近居住的人们提供充分的信息，并听取他们与此相关的意见。另外，想为社会做贡献的企业也比较多。这些行动能够提高公司的形象。

风险经营指的是包括自然灾害和人为灾害在内的危机管理。对于企业来说，是为了在问题发生时，能够采取决策的办法。此外，随着企业的全球化，容易成为问题的就是"人权问题"。比如，不能仅因那个企业要求工人按照法律的规定努力认真的工作，就可以掉以轻心。如果在海外相关工厂里雇用童工，那么该企业的形象会大打折扣。当然这不仅和遵守法律有关，同时也与风险经营有关。总之，CSR的各个领域之间有着错综复杂的联系。CSR的推进需要每一位员工的自觉和专家们的正确对待。

图Ⅰ　企业是否有意识地进行CSR活动

图Ⅱ　开始致力CSR活动的时期

图Ⅲ　优先投入的领域

---

[1] "日本经济团体联合会"的简称。是由约1,700家日本的企业、团体组成的综合经济团体。旨在汇总经济界的意见，向政治和行政的相关者提出呼吁，向会员企业的发展提供帮助。

会话　在创办新工厂之际

东京的办事处，经营顾问原康行和下属滨田佑也正在交谈。

滨田：所长，可以占用您一些时间吗？关于诚丰的新工厂一事……

原　：啊，听说要建在云南省，是吧？

滨田：是。据说厂长由总公司派人担任。前几天，我在总公司偶遇清水常务理事，他说想就此事和我们商量。

原　：是吗？那个人大约10年前在天津最早建工厂的时候，是很活跃的啊！

滨田：哦，这就明白了。在中国事务方面，诚丰里没有人能比得过清水先生。这次好像也是干劲十足。而且他还说过这样的话。这个时代，在建设新工厂的时候，更要重视企业的社会责任，特别是风险经营和附近地区居民的交流。

原　：这是很好的事情啊。清水先生跟"经团连"关系很深，所以在这方面有相当丰富的知识。

滨田：好像是。听说这周内想跟所长您见面。现在，那边想要的信息是云南省政府和NGO[1]相关的信息。

原　：哦。因为在其他企业出现了很多问题吧。

滨田：而且，听说为了确保人才，还想了为地区做贡献的方案。

原　：原来如此。

滨田：大学的捐赠户头及奖学金怎么样啊？

原　：好啊。想要好的人才，就得向当地的大学长期投资。因为是清水先生，继云南省之后，可能把到越南开展业务的事情也已经纳入计划了吧。

滨田：（佩服）啊，是吗？

原　：不管怎么说，马上跟清水先生的秘书联系一下吧。

2. 练习答案

二、1. 活躍　　　　2. 具体的　　　　3. 会員
　　4. 充実　　　　5. 人権

三、1. ひりつ　　　2. しんしゅつ　　3. じゃく
　　4. よご　　　　5. かんしん

四、1. に　　　　　2. に　　　　　　3. に
　　4. に，を　　　5. に

---

[1] 日语叫"非政府組織"，英语称"Non-governmental Organizations"。与政府无关的人为开展与各种问题相关的活动而成立的组织。在这段会话中指开展与环境问题相关活动的NGO。

五、1．まず消費者のニーズを知らなければならない
　　2．彼の右に出る人はない
　　3．午後の講義に出なかった
　　4．おめでとうございます
　　5．なんとも言えません

六、1．a　　2．a　　3．b　　4．c
　　5．b　　6．a　　7．b　　8．d

七、1．日本のことを知るにしたがって、日本文化に関心を持ち始めた。
　　2．体が弱いからといって、家にいてばかりいてはだめだ。
　　3．論文を発表するにあたって、文章をもう一度きちんと読む必要がある。
　　4．そちらは大変寒いとのこと、皆様にはお変わりありませんか。
　　5．調査を済ませたら、必ずレポートを出すこと。

八、1．例：日本経団連が572の会社に「CSRを意識して活動しているか」と聞きました。「はい」と答えたのは全体の75.2%で、「いいえ」と答えたのは24.8%です。
　　2．「コンプライアンス・法令遵守」「環境」「コーポレートガバナンス」
　　3．① 企業が
　　　　② 株主や社員、またその企業がある場所の近くに住む人々に
　　　　③ その会社が今何をしているか、何をしようとしてかについて充分な情報を与え、その意見も聞くこと
　　4．右上から時計回りで
　　　　451～500円（31.5%），501～550円（27.3%），401～450円（20.1%），551円～（12.4%），1～400円（8.7%）

九、①g　　②i　　③h　　④f　　⑤e

第19課
言葉を探して

本课重点：

一、コミュニケーション表現

1．具体的に言いますと，たとえば，どのような場での判断ですか。
2．それはいいお考えですね。
3．まったくおっしゃるとおりです。

二、文法

1．助词的重叠形式　には
2．形式名词
3．接续助词　つつ
4．后缀　ぶり

三、文型

1．～ということになる
2．～ほかはない
3．～どころではない
4．～上（の）～
5．～なくてはなりません
6．～するしないは～

四、言葉の使い方

1．ぐんぐん　　　2．何となく　　　3．耳を傾ける
4．顔を出す　　　5．耳にする

一、知识链接

1. 补充讲解

日语的"掛詞（かけことば）"

日语的音比较少，所以同音异义的词很多，为谐音提供了方便。"掛詞"汉字也写作"懸詞"，主要用于有韵律、节奏的文章，如诗、和歌、俳句等，在单口相声（落語（らくご））、相声（漫才（まんざい））等语言艺术形式中也常常被利用，当然也经常出现在我们日常生活的对话当中。即：通过谐音（語呂（ごろ）あわせ）将意思不同的词语联在一起的文字游戏（言葉遊び），可译为"双关语"。本课中出现的"カエルコール"中"蛙"与"帰る"就是利用的这种谐音效果。日常生活中这样的例子很多，使语言诙谐，值得回味。例如："熱さまシート"。这是发烧时贴在头上的用于降温的薄纸。其中的"熱さまシ"与"熱冷まし"是谐音的，完整地说，是"熱冷まし用冷却シート"。再如："アリエール"。是洗涤剂的名称。洗剂名。通过"これを使えば，元の白さに戻るということが「あり得る」"这层意思而得名。

我们再举一个和歌的例子。对和歌的理解有时因人而异，我们介绍其中之一，以方便对"掛詞"的理解。

・花の色は　移（うつ）りにけりな　いたづらに　わが身（み）世にふる　ながめせし間（ま）に

小野小町（おののこまち）

这是被收入在"百人一首（ひゃくにんいっしゅ）"中的小野小町的一首和歌，翻译成现代日语是：

美しい桜の色は，もう空しく色あせてしまったことであるよ。春の長雨が降っていた間に。そして，私も男女の仲にかかずらわっていたずらに物思いをしていた間に。

（新版　百人一首　島津忠夫＝訳注　角川ソフィア文庫）

其中的"ふる"是"降る"和"経（ふ）る"的双关语，"ながめ"是"長雨"和"眺め"的双关语。从上面读下来是"世に経る"，接下去是"降る長雨"；另外，"長雨"又可以读解为"眺め"，这是说咏诗人的视线——"眺め"停留在沉思中。

类似的例子很多。通过双关语的使用可以使语言更加生动、引人入胜。

2. 词汇趣谈

（1）"日本を休もう"

本课中的这句广告词从严格意义上来讲，不是正确的日语。但是，与当时的日本社会问题、人们的心境和意识相吻合，所以，一下子就被人们接受，并成了经久

不衰的广告词，其原因在课文中已有解释。在日常的生活中不乏这样的例子。如："問題な日本語"，这是2004年12月日本大修馆书店发行的、由日本语言学家北原保雄为代表的语言学家们编写的一本书，就近年来人们关注的看上去有问题的日语做出了解释。这本书一经问世，就十分抢手。到笔者购到这部书时才出版两个月，就已经再版了9次，不久又出版了"続弾(ぞくだん)"——第二本。

不言而喻，书中涉及到的日语本身的问题固然是人们关注的重点，但是，其题目"問題な日本語"，不得不说也是一个卖点。因为按照规范的日语应该是"問題の日本語"，但这一个"な"又有其独特的味道，供人们去品、去琢磨。

（2）"耳"的惯用说法

本课出现了"耳にする"的说法，与"耳"相关的惯用句在日语里有很多，这里介绍几个常用的说法：

① 耳が痛い/刺耳；不爱听　　それはちょっと耳の痛い話だ。
② 耳が肥(こ)えている/（对音乐等）有鉴赏力　　あの人は非常に耳の肥えている人だ。
③ 耳が遠い/耳背　　このごろ祖父は急に耳が遠くなったようだ。
④ 耳が早い/消息灵通；耳朵长　　あの人は耳の早い人で、何でも知っている。
⑤ 耳に残る/留下记忆　　それはいつまでも耳に残る名曲だ。
⑥ 耳に入れる/听到；说给……听　　a.それは帰りの電車の中で耳に入れた話だ。　　b.ぜひお耳に入れたいことがあります。
⑦ 耳に入る/听到　　妙なうわさが耳に入った。
⑧ 耳にたこができる/听腻了　　その話は耳にたこができるくらい聞かされた。
⑨ 耳につく/听后忘不掉；听腻；听厌　　a.あの時の子供の悲鳴が、今も耳について離れない。　　b.あの話もいいかげん耳についてきた。
⑩ 耳に障(さわ)る/刺耳　　ひとりよがりの自慢話がひどく耳に障り、途中で席を立ってしまった。
⑪ 耳を貸す/听取意见；参与商议　　a.あいつはいくら私がアドバイスしても、耳を貸そうとしない。　　b.ちょっと耳を貸してください。
⑫ 耳を疑(うたが)う/不相信　　全員遭難のニュースに自分の耳を疑った。

3. 文化趣谈

日本的"风水"文化

日本是一个深受中国传统文化影响的国家。从某种角度来说，日本甚至可以说是中国文化的延伸地，譬如风水。中国的风水文化一千多年前就流传到了日本并在日本发扬光大。日本的风水师曾说，奈良和京都之所以成为首府，就是因为它们座落的地点具有良好的风水。撇开对这种说法的科学质疑，大概还是可以看到风水在日本的影响。日本科学文化发达和经济发展迅猛得到举世公认，但对中国古代的风水之学却非常重视，不但不排斥为迷信，而且许多专科大学建筑教授都在研究星相风水。在日本街头常常可以看见摆摊算命的卦摊，这些卦摊前总围着很多人。有名的算命师傅的卦摊前天天都要排队。算命师傅在阐释命运的同时，还要指出一些扭转厄运的方法。这也使得找好运转厄运的学说和书籍大行其道。

二、中国人的学习难点
"わけだ"和"はずだ"

"わけだ"和"はずだ"历来是困扰学习者的两个表达形式，我们在教科书和教与学的解释中也多有涉及。本课又出现了使用这两个表达形式的句子，所以再做一下强调。

"わけだ"和"はずだ"都可以翻译成"理应……"、"应该……"。但二者并不相同。

"わけだ"如果用句式的形式表达的话，可以写成："P，Qわけだ。"一般用于表达因果关系，即：根据"P"推断的结果是"Q"。强调的是从客观事实或公认的道理等出发推出一个理所当然的结果。从这个意义上讲，与"わけだ"相近的应该是"ことになる"。

例：① 一人千円だと、五人で五千円になるわけだ。/1人1千日元的话，那么5个人应该是5千日元了。

② A：これは本物のダイヤモンドよ。/这可是真的钻石哦。

　　B：それで高いわけね。/那理应很贵了。

③彼がひどい事を言ったから，彼女が泣いたわけだ。/因为他说了很过分的话，所以她当然哭了。

我们来看教科书p.194的句子："この団体は環境や社会問題について人々の意識を高める広告を作成している。自分たちの仕事をこのような言葉で表しているというわけだ"。"この団体は……"这个句子相当于"P"，根据它推断出了"自分たちの仕事を……表している"，正是这里讲到的这种用法。

"わけだ"还有一种用法，是已知"P"和"Q"这种关系的存在，表示认可的态度。这种情况可以与"はずだ"替换。此时，经常会与"道理（どうり）で"呼应使用。

例：④ A：田中さん，洋子さんと結婚するらしいよ。/田中好像要和洋子结婚了。

B：道理で，よく二人で一緒にいるわけだ（はずだ）。/所以两个人经常在一起。

"はずだ"表现的是说话人根据自己的主观判断确信的事情。经常与"たぶん"、"おそらく"、"きっと"一起使用。

例：⑤一人千円だと，5千円になるはずなのに，どうして5千8百円なの。/如果1个人1千日元的话，应该是5千日元。为什么是5800日元呢？

⑥昨日，山田さんが最後に部屋を出たんだから，鍵は彼が持っているはずだ。/昨天是山田最后离开这个房间的，钥匙一定是他拿着呢。

⑦ A：先生，ここが痛いんです。/大夫，我这儿很疼。

B：痛いはずだ。レントゲン写真を見ると，骨が折れているよ。/当然疼了。从X射线片来看，你骨折了。"

我们再看教科书p.194的句子："ちょうどバブル時代も終わりつつあり，それまで「休むどころではない」と働き続けてきた人には，「ここで忙しい日本を少し休んでのんびり旅行してみませんか」という誘いが心にしみたはずだ"。这是对这条广告为什么这么深入人心的主观判断，是"はずだ"的非常典型的用法。

三、参考译文和练习答案

1. 参考译文

第19课 搜索语言

课文 成功的广告词

"广告词"是指为了引起人们对事或者物的重视而写的短小的宣传文字。撰写广告词的人被称为"撰稿人"。据说有人气的撰稿人仅靠写了一行广告词就能赚数百万。也就是说，企业是如此重视广告词的。

"广告词"以新颖为好。但是，过于新颖了以至于让人不知所云，当然是没有意义的，需要的是一经看到或者听到就能够很快地印在人们心中的那种能量。好的广告词在历经数十年后还会留在人们心中，甚至能成为社会的象征。有的广告词数十年后依然存在，像一般的词汇一样融入了人们的日常生活中。在此，介绍几个这样的例子。

有这样一句广告词"我（女）来做，我（男）来吃"（1975年）。这句话被用作了拉面的广告词。女性做拉面，男性在等拉面做好。某女性团体抗议说"这句话是在强制女性理应做家务"，媒体也大量报道，使之成为了社会问题。结果，这家制造商不得不在中途停止了这条商业广告，但是相反地却收到了很大的宣传效果。"回家前的电话"（1985年）是电话公司的广告词。意思是呼吁离开公司时，往家打个电话说"我现在回家"。这是为了呼吁被称作企业战士的男人们也要更珍惜家庭。"青蛙"和"回家"是双关语，现在这个词语已经像普通名词一样被使用。

"能战斗24小时吗"（1988年）是某个营养饮料的广告词。没有哪句话能像这句话一样能够象征日本的泡沫经济时代。这是一个工作越来越多，越干收入越丰厚，生活很快富裕起来的时期。这句话传达给人一个强烈的信息：要想24小时工作就得喝这种营养饮料啊。

"让日本休息吧"（1991年）。这是铁路公司的广告词。实际上这句日语是错误的。可以说"请假不去学校"和"请假不去公司"，但是"让中国休息"和"让东京休息"这种说法实际上意思不通。看到这个广告的瞬间，人们会想："哎？这是错的。"但巧妙的是，让人无意之中理解了。泡沫经济时代正在结束，对从前那些讲"没有时间休息"而不停工作的人们来说，这句"让忙碌的日本稍事休息，去尽情享受旅行之快乐吧"的广告词深深打动了他们的心。

"在人们的心里撒播种子"（2006年）。这是公益广告机构团体的广告语。该团体就环境和社会问题，制作了提高人们意识的广告。他们以这句广告词来表达自己的工作性质。

会话 经常听到命名上出的纰漏

佐藤遥香在采访在日本某广告代理店工作的井上重幸。现在他受公司之命来到北京，边上大学边学习中文。

佐藤：时隔20年的学生生活怎么样啊？

井上：我的语言能力虽然还不行，但是我不仅在倾听中国学生的，也在倾听全世界年轻人的声音。每天都很刺激。

佐藤：是吗？井上先生您这一年的最大目标是什么？

井上：一边学习中文，一边关注中国社会与中国的广告界。今后和中国的业务可以预测会是逐渐增加的，因此，想提高在商品推介计划方面的判断力。

佐藤：具体地说，比如是对哪种情况的判断呢？

井上：首先，新商品的命名和广告词的选定。这跟客户、广告撰写人等许多人有关，我是起汇总作用的。提出的商品名称在中国有没有文化上的问题啦，法律上的问题啦等等，都必须要进行最终的判断。

佐藤：虽说是一衣带水，但是日本与中国的文化差异还是比较大的啊。

井上：是。再过2，3个月，我想去上一个风水学校。因为北京的公司每周只需去露一次面，所以有很多时间。

佐藤：这个想法很好啊。不管中国社会是否有意识，总之，基于风水的思想出乎意料地根深蒂固啊。

井上：确实是的。对于日中撰写人想出的商品名，必须在传统的基础上，再运用领先于时代的感性进行判断。

佐藤：因为同为使用汉字的国家，故而感到自大骄傲是很危险的。

井上：正如您所说的。经常会听到一些用了不吉利的词语啦，从词语的发音引发不好的联想啦等等，在商品命名上出纰漏的事情。

2. 练习答案

二、1．役割　　　2．瞬間　　　3．公共
　　4．予測　　　5．効果
三、1．まんしん　　2．はんだんりょく
　　3．めいれい　　4．えんぎ　　5．しょうちょう
四、1．が　　　　　2．で／を，が　　3．に
　　4．を　　　　　5．に

五、1．栄養ドリンクを飲み
　　2．数十名にものぼった
　　3．人に教えるどころではない
　　4．決まってしまう
　　5．中国の社会には風水に基づく考えが根づいている
六、1．a　　　2．d　　　3．b　　　4．c
　　5．a　　　6．c　　　7．c　　　8．c
七、1．人はお互いに助け合いつつ生きている。
　　2．私が知っているのはだいたいこんなところです。
　　3．これは10年ぶりの暑さだ。
　　4．提案するしないは，いずれにせよ／ともかくまず調査してみよう。
　　5．彼が成功したのは，日々の努力にほかならない。
八、1．たった1行のキャッチコピーに数百万円を出すこともあるから。
　　2．斬新であること。一回見聞きしたらすぐ人の心の中に飛び込んでくるようなエネルギーがあること。
　　3．いいえ。かえって宣伝効果をあげた。
　　4　省略
九、① 1　c　　　　2　a　　　　3　b
　　② 1　a　　　　2　d　　　　3　c

第20課
つながる力

本课重点：

一、コミュニケーション表現
1．就職もバッチリ決まっているんだし，がんばらないとね。
2．ええ。なんて言うか，会ったことがなくても世界のいろいろな国の社員が，心でつながっている感じがしたんですね。
3．へえ，心にじーんと来るわね。

二、文法
1．終助詞的重叠形式　わね
2．"てしまう"的缩约形式　ちゃう

三、文型
1．～といっても過言ではない
2．～てでも，～
3．～わけはない
4．～とする

四、言葉の使い方
1．拍車をかける　　2．憂うつ　　3．ばっちり
4．すっかり　　　　5．少なくとも

五、解釈
1．内定
2．ブルー
3．ソーシャル・ネットワーキング・サービス

、知识链接

1. 补充讲解

（1）世界部分国家的日语说法、汉字名称和简称：

美国	アメリカ	米国（べいこく）	米（べい）
英国	イギリス	英国（えいこく）	英（えい）
法国	フランス	仏蘭西（フランス）	仏（ふつ）
德国	ドイツ	独逸（ドイツ）	独（どく）
俄罗斯	ロシア	露西亜（ロシア）	露（ろ）
意大利	イタリア	伊太利亜（イタリア）	伊（い）
加拿大	カナダ	加奈陀（カナダ）	加（か）
荷兰	オランダ	阿蘭陀（オランダ）	蘭（らん）
澳大利亚	オーストラリア	濠太剌利（オーストラリア）	豪/濠（ごう）
葡萄牙	ポルトガル	葡萄牙（ポルトガル）	葡（ぽ）
西班牙	スペイン	西班牙（スペイン）	西（せい）
土耳其	トルコ	土耳古（トルコ）	土（と）
希腊	ギリシア	希臘（ギリシア）	希（ぎ）
墨西哥	メキシコ	墨西哥（メキシコ）	墨（ぼく）

以上这些简称主要用于文章、报纸、杂志等，另外，在提到两个国家时也会用到，如："日_{にちべい}米"、"日_{にちろ}露"等。

（2）"～一方（で），～"与"一方，～"

本课同时现了"～一方（で），～"和"一方，～"的用法。

"～一方（で），～"接在用言词典形后面，表示在进行前项事情的同时，也在做后项的事情。相当于汉语的："一方面……，另一方面……"、"……，同时……"。

"一方，～"用于句首，用来从另一个方面叙述与前面提到的相关的事情，也有"その一方"的说法。相当于汉语的："而……"。

例：① いい親は厳しく叱る一方で，誉めることも忘れない。/好的父母一方面会严厉地批评孩子，另一方面也不忘记表扬孩子。

② 一人暮らしは寂しさを感じることが多い一方，気楽だというよさもある。/一个人生活一方面会经常感到寂寞，另一方面也有比较轻松自在的好处。

③ この出版社は大衆向けの雑誌を発行する一方で，研究書も多く出版している。/这家出版社一方面发行面向大众的杂志，一方面也出版很

多的专业书籍。
④ 兄は父の会社を手伝う一方、仲間のベンチャー企業の仕事もしている。/哥哥一方面帮爸爸经营公司，另一方面也在做朋友的创业公司的工作。
⑤ 彼はよい会社を探す一方、留学の情報も集めている。/他一方面在找理想的公司，另一方面在搜集留学的信息。
⑥ Aさんの話ではこうだ。一方、Bさんはこう言っている。/A说的是这样，而B又这么说。
⑦ 最近、空港を作るために農地が買い取られている。当局は推進を主張している。一方、住民側はその撤回を要求している。/最近为了建机场而大量购买农田。主管部门主张进行，而当地的居民主张撤出。
⑧ 日本では子どもを生まない女性が増えている。一方、アメリカでは、結婚しなくても子どもはほしいと言う女性が増えている。/在日本，不生孩子的女性数量正在增加，而在美国，即便不结婚也想要孩子的女性增加了。

2. 词汇趣谈

"空気"

"空気"这个词除了它的本义外，还有一个很重要的意思，就是指"气氛"、"氛围"。比如："職場の空気になじむ"、"険悪な空気が流れる"、"自由な空気を吸う"等等。

另外，"空気を読む"也是一个很常用的词组，指从某个场合的气氛来推测当时的状况，特别是自己在该气氛下应该做什么，不应该做什么以及通过推测来判断对方的好恶。比如："空気の読めない人"，这个词组的意思是"不识相的人"，根据语境不同可以灵活翻译。

例：A：明日彼と一緒にUSJに行くんだ。/明天我想和男朋友一起去环球影城。

B：いいね、私も行ってもいい。/这么好啊，我可以一起去吗？

A：だめ、あなたは本当に空気の読めない人だね。/不行，你要去当电灯泡啊。

3. 文化趣谈

日本的锁国政策

　　锁国政策是指日本江户幕府禁止对外贸易以及各种对外交往的闭关自守政策。16世纪中叶起，西方列强葡、西、荷、英等国先后到日本传教通商。江户幕府为巩固封建统治，严格限制日本同外国的商业往来，禁止信仰基督教，并于1633年发布一系列"锁国令"，严禁一切日本船只和日本人出国，同时也不准旅居海外的日本人回国。岛原、天草起义后，江户幕府决心彻底清除异教和实行闭关锁国。1639年又颁发一道锁国令，除允许中国和荷兰商人在长崎通商外，完全禁绝葡萄牙人和西班牙人前往日本。日本幕府的锁国政策施行了200年之久，使日本处于国际孤立地位。1858年日本德川幕府同美、荷、俄、英、法五国缔结"友好通商条约"（"安政条约"）后，锁国体制才被打破。

中国人的学习难点

"～ざるをえない"、"～ずにいられない"、"～なければならない"

　　这三个句型都与动词接"ない"的形式相同，表示的意思也有容易混淆的地方，所以使用时会给学习者带来一定的障碍。我们在这里分别作一介绍：

　　"～ざるをえない"表示由于某种原因及从常识考虑不得已而为之的意思。换言之，是外在的原因使得行为者要做某事。多表示消极的意义。相当于汉语的："不得不……"。

　　例：① 犯人もこれだけ証拠が揃えば、犯行を認めざるを得ないだろう。/犯人在证据齐全的情况下，不得不承认罪行了吧。

　　　　② 試験に落ちてしまった。進学は諦めざるを得ない。/考试没有通过，不得不放弃升学。

　　"～ずにいられない"则表示由于无法抑制自己的感情而积极地做某事。与"～ざるをえない"不同，它表示的是由于感情上的和生理上的内在原因而为之的意思。相当于汉语的："不能不……"、"不由得……"。

　　例：③ 今夜は寂しさがつのって、お酒を飲まずにはいられない。/今晚特别寂寞，不得不借酒消愁。

④ あまりにも感動したので，泣かずにはいられなかった。/由于太感动了，不由得流下了眼泪。

"～なければならない"表示的是有义务和必要做某事。相当于汉语的："应该……"。

例：⑤ 受験する人は10日までに願書を提出しなければならない。/参加考试的人必须要在10日前报名。

⑥ 人間はもっと自然を大切にしなければならない。/人类应该更加爱护自然。

> **考考自己**：用"～ざるをえない"、"～ずにいられない"、"～なければならない"的其中之一，完成下列句子。
> ① 不正が明らかになった以上、社長も＿＿＿＿＿＿＿＿＿＿＿＿＿。
> ② 10年ぶりの再会だから、一緒に＿＿＿＿＿＿＿＿＿＿＿＿＿。
> ③ レポートの締め切りは明日なので＿＿＿＿＿＿＿＿＿＿＿＿＿。
> ④ 寮には門限があるので、12時までに＿＿＿＿＿＿＿＿＿＿＿＿＿。
> ⑤ おなかも空いていたし、大好物の寿司を出されては＿＿＿＿＿＿＿＿＿＿＿＿＿。
> ⑥ 父がうるさいので＿＿＿＿＿＿＿＿＿＿＿＿＿。

三、参考译文和练习答案

1. 参考译文

第20课　团结的力量

课文　世上曾未有过的伟大尝试

经济和文化全球化已经是无法阻止的趋势。一方面，超越国界的相互通讯和交流盛行起来，另一方面，近年来爱国心的高涨也非常显著。这种世界性的现象，我们可以在某一地区观察到其凝缩版。这个地区就是欧洲。

把欧洲的历史说成是战争的历史一点也不夸张。欧洲从20世纪末开始了世上过

> 答案：
> ① 辞職を表さざるを得ないだろう
> ② お酒を飲まずにはいられない
> ③ 徹夜で完成させなければならない
> ④ 戻らなければならない（戻らざるを得ない）
> ⑤ 食べずにいられなかった
> ⑥ 勉強せざるを得ない

去曾未有的尝试，已经将近20年了。最初是1952年建立的"欧洲煤炭钢铁共同体（ECCSC）"。共有包括德国，法国和意大利在内的6个国家参加。这个组织的目的旨在共同管理煤炭和钢铁等这些工业基本原料。之后，经历了"欧洲经济共同体（EEC）"、"欧洲共同体（EC）"，1993年成立了"欧洲联盟（EU）"。成立时共有15个加盟国，经历了数次扩大，到2007年现在共有27个国家加盟。

　　走到今天的EU不是一帆风顺。即使在一个国家内部，对于意见分歧的政治、经济、劳动和教育问题也要进行反复讨论，并设法进行调停。EU间时常会有风波。不一致、反对和重新做就像是EU的空气一样。另一方面，为了尊重各加盟国的文化，所有加盟国的官方语言都是欧盟的官方语言，所以，笔译和口译人员是欧盟工作人员的约三分之一。这是一笔很大的成本，但却是无法省掉的。

　　为什么如此艰难EU还要致力于欧洲的统合呢？这是因为即便是德国、法国、英国这样的大国，国民们也意识到单靠一个国家的力量已经撑不下去了，同时，后加盟的国家宁可丢掉自己国家的特色也不得不选择"大树底下好乘凉"。并且，1999年通用货币欧元的成功发行，促进了EU的团结。

　　全球化越发展，越不可能在一国之内解决所有的问题。回过头来看一下亚洲，仅在150年前左右，日本采取了锁国政策，原则上断绝了与国外的交流，这简直像梦一样。据说江户时代的人甚至不知道自己的国家在锁国。在亚洲，也并不是说没有要建立某些统一机构的呼声。已经有东南亚诸国联盟（ASEAN）、东亚元首会议（EAS）等组织存在。但是，在没有宗教这一共同文化的亚洲，也有人认为更多的要求是不现实的。是这样的吗？EU现在在探索与伊斯兰文化国家统一的可能性。我们这些亚洲人至少应当对那些始终致力于相互沟通的欧洲人表示敬意，并学习他们的精神。

会话　进公司前就有了爱公司的精神

　　佐藤遥香从日本来到中国采访在中国举办的国际动画片博览会。现就读于日本某大学研究生院的学生王文思作为翻译同行。最后一天，工作结束后两人离开会场。

佐　藤：最后的采访也结束了。啊，真累。小王，你也累了吧？
王文思：不。我既回了家，又积累了工作方面的好经验。
佐　藤：这一星期，打扰你写硕士论文了……
王文思：一想起这件事就郁闷。
佐　藤：不过，工作单位已经稳稳当当定下来了，剩下的毕业论文得加把劲儿啊。

王文思：是啊，终于克服了内定的忧郁[1]。
佐　藤：哎，被那么好的公司内定采用还忧郁吗？
王文思：可实际上那并不是我想最做的工作啊。一想到自己能在那么大的公司里做什么，我就感到不安……，所以我就在公司的内定者的SNS[2]上真实地写下了自己的心情。
佐　藤：是吗？据说现在设有这一体制的公司在逐渐增加。
王文思：是。看到我写的话，有不少前辈留了言。不光日本的，还有在中国和美国工作的员工也留了言。
佐　藤：哎？有那么多国家的人在看啊？
王文思：是啊。读了留言之后，我明白了大家都很体贴且富有挑战精神。我懂了虽然在工作上总会有失败或烦恼，但正因为有了工作，自己的人生才得到了充实。
佐　藤：是呀。
王文思：还有的说"工作上不出现点小错是不会进步哦""快点跟我们一起工作吧""我们等着你"，我看了之后，非常高兴。
佐　藤：内定忧郁消失了？
王文思：是。怎么说呢，我觉得即使没见过面，分布在世界各国的员工的心也是连在一起的。特别是有一位美国的华裔女性，写了很多自己的经验，很感激她。
佐　藤：哎，真是令人感动呀！
王文思：进入公司前，已经产生了热爱公司的精神。太早了吧？

2．练习答案

二、1．統合　　　　2．翻訳者　　　　3．賞賛
　　4．大樹　　　　5．顕著
三、1．ぎょうしゅく　2．しこうさくご　3．ようき
　　4．さこくせいさく　5．じゅきゅう
四、1．に，と　　　2．を　　　　　　3．さえ／でも
　　4．に，を　　　5．を

1　"内定"是指公司已经接纳了他。"ブルー（blue）"是忧郁。工作确定后，由于各种原因，反而会感到忧郁。
2　经人介绍进入的社会网络。同一个公司的员工能够利用的公司内网络。最近企业为了留住已经内定的人，开辟了内定学生用的网络。

五、1．その仕事を引き受けたい／かまわない
　　2．会社を辞める
　　3．うまくいくかどうかわからない
　　4．注目されている
　　5．私にできる仕事はあるか

六、1．d　　　2．b　　　3．c
　　4．d　　　5．c　　　6．a

七、1．A：外国へ行って働くんだって。
　　　　B：なんていうか，違う国の文化を体験してみたいから。
　　2．持っているお金を全部使ってでも，彼女を助けてあげたいと思った。
　　3．A：遅いね！　どうしたの？
　　　　B：道を間違えちゃって。ごめんなさい。
　　4．李先生は彼の本当の恩師だといっても過言ではない。
　　5．改革開放は中国経済の発展に拍車をかけた。

八、1．国と国を越えた交信・交流が盛んになる一方，国家に対する愛国心も高まっているという現象。
　　2．① 欧州石炭鉄鋼共同体　　　② 欧州経済共同体
　　　　③ 欧州共同体　　　　　　　④ 欧州連合
　　3．例：不一致と反対とやり直しはＥＵに常に存在するものだ／いつもあるものだ。
　　4．①（○）　　②（○）　　③（×）　　④（×）
　　　　⑤（○）　　⑥（△）　　⑦（○）　　⑧（×）

九、①4　　　②b　　　③d

総合練習

2009年大学日语四、六级考试发生了重大变化。在这里我们使用部分四级考试的形式，对《中级日语》（第一、二册）学习的词汇和语法进行练习，以方便学习者适应考试形式的变化，为通过四级考试做准备。

一、語彙

次の文の＿＿＿＿のところに入るのに，最も適当なものを［A］［B］［C］［D］から一つ選びなさい。

1. A：今日は＿＿＿＿の講演ですか。
   B：アメリカの大統領です。
   ［A］いつ　　　　［B］だれ　　　　　［C］どこ　　　　　　［D］なん

2. A：パーティー用のビールは買ってきましたか？
   B：はい，10＿＿＿＿買ってきました。足りるでしょうか。
   ［A］個　　　　　［B］冊　　　　　　［C］本　　　　　　　［D］枚

3. 旅行は＿＿＿＿を解消するいい方法です。
   ［A］ストレス　　［B］ニーズ　　　　［C］ニュース　　　　［D］ベスト

4. イントネーションが違えば，＿＿＿＿もだいぶ違います。
   ［A］エネルギー　　　　　　　　　　［B］コミュニケーション
   ［C］サービス　　　　　　　　　　　［D］ニュアンス

5. あの先生の採点はたいへん＿＿＿＿そうです。
   ［A］きびしい　　［B］くやしい　　　［C］くわしい　　　　［D］なつかしい

6. ＿＿＿＿お土産をいただいて，ありがとうございます。
   ［A］あたらしい　　　　　　　　　　［B］いちじるしい
   ［C］うらやましい　　　　　　　　　［D］めずらしい

7. 彼は_____会社を辞めたはずだ。
   [A]きっと　　　[B]だいたい　　　[C]たしか　　　[D]もっと
8. 彼女は親友が亡くなったことを聞いて、涙を_____出した。
   [A]すらすら　　[B]そろそろ　　　[C]ぺらぺら　　[D]ぽろぽろ
9. 彼は災害の救済ボランティアに_____申し込んだ。
   [A]さっそく　　[B]すっかり　　　[C]どんどん　　[D]ますます
10. 企業にとって消費者の評判は_____のはずだ。
    [A]いちいち　　[B]すべて　　　[C]まったく　　[D]まさか
11. 説明会のとき，書くものを忘れたので，隣の人のボールペンを_____もらった。
    [A]あたえて　　[B]かして　　　[C]かって　　　[D]かりて
12. みんなが帰った後も彼は大学に_____，本を読み続けた。
    [A]あって　　　[B]すわって　　　[C]のこして　　[D]のこって
13. A：あっ，さいふが_____いますよ。
    B：すみません。
    [A]おちて　　　[B]おとして　　　[C]なくして　　[D]みつけて
14. かばんの中に本がいっぱい_____，重くてしかたがない。
    [A]いれて　　　[B]しまって　　　[C]つめて　　　[D]はいって
15. 最近，子どもをすっかり_____，わがままに育てる親が多い。
    [A]あまやかして　　　　　　　[B]たすけて
    [C]どなりつけて　　　　　　　[D]ほめて

二、文法

次の文の_____のところに入るのに，最も適当なものを[A][B][C][D]から一つ選びなさい。

1. ことばのゆきちがい_____外交上の大問題が起こった。
   [A]から　　　[B]だけ　　　[C]では　　　[D]にも
2. 王君はしばらく会わないうちに，りっぱな会社員_____成長した。
   [A]って　　　[B]で　　　　[C]と　　　　[D]に
3. あのことについては，私_____知らなかったが，クラスのものはみなだいぶ前から知っていたようだ。
   [A]こそ　　　[B]でさえ　　[C]でも　　　[D]には

4．そのことを今でも一生懸命考えているのは彼女＿＿＿＿＿＿＿だろう。
   [A]こそ　　　　　[B]しか　　　　　　[C]だけ　　　　　　[D]みたい
5．実験の過程で，発見＿＿＿＿＿＿＿人を興奮させるものはないだろう。
   [A]でも　　　　　[B]など　　　　　　[C]ばかり　　　　　[D]ほど
6．大雪が降ったので，電車が不通になった＿＿＿＿＿＿＿だ。
   [A]から　　　　　[B]こと　　　　　　[C]もの　　　　　　[D]わけ
7．この問題は日本語教師なら答えられる＿＿＿＿＿＿＿だ。
   [A]だけ　　　　　[B]つもり　　　　　[C]ばかり　　　　　[D]はず
8．買う＿＿＿＿＿＿＿だったCDが売れてしまった。
   [A]こと　　　　　[B]つもり　　　　　[C]の　　　　　　　[D]よう
9．この問題がわからない＿＿＿＿＿＿＿，すぐ頭が悪いと決めるのはよくない。
   [A]からといって　　　　　　　　　　[B]くせに
   [C]どころか　　　　　　　　　　　　[D]ものの
10．その会社は若者対象の商品に力を入れている。＿＿＿＿＿＿＿，中・高年向きの製品の開発にも積極的である。
   [A]いっぽう　　　[B]いずれにせよ　　[C]そうすると　　　[D]それとも
11．このごろ，連休になると，道路が余計に込む。＿＿＿＿＿＿＿30キロもの渋滞はひどい。
   [A]そうすると　　[B]その一方で　　　[C]それにしても　　[D]それは
12．車で行くか，＿＿＿＿＿＿＿電車でいくか，その日の天気を見て決めよう。
   [A]しかも　　　　[B]その一方で　　　[C]ついでに　　　　[D]または
13．先生は練習問題ができるまで，彼を家に＿＿＿＿＿＿＿なかった。
   [A]帰ら　　　　　[B]帰らせ　　　　　[C]帰られ　　　　　[D]帰れ
14．こんなところに駐車＿＿＿＿＿＿＿たまらない。
   [A]されては　　　[B]して　　　　　　[C]するが　　　　　[D]できて
15．多くの用例を分析した結果，二つの用法の違いがだんだん見えて＿＿＿＿＿＿＿。
   [A]あった　　　　[B]いった　　　　　[C]きた　　　　　　[D]はった
16．いつも娘がお世話になっております。先日はまた珍しい所へ連れて行って＿＿＿＿＿＿＿，ありがとうございました。
   [A]あげまして　　　　　　　　　　　[B]いただきまして
   [C]さしあげまして　　　　　　　　　[D]やりまして
17．姉は去年の暮れに定年になり，今，生涯教育の大学に＿＿＿＿＿＿＿。
   [A]いく　　　　　　　　　　　　　　[B]いった

[C]いっていた [D]いっている

18. これだけ非難を浴びれば，大学は今度の改正案を撤回＿＿＿＿だろう。
   [A]してかまわない　　　　　　　　[B]しない
   [C]するどころではない　　　　　　[D]せざるを得ない

19. この仕事は簡単なように見えるが，誰にでもできる＿＿＿＿。
   [A]とは限らない　　　　　　　　　[B]にほかならない
   [C]わけがない　　　　　　　　　　[D]わけにはいかない

20. 約束した＿＿＿＿，どんなことがあっても時間どおりに行くべきだ。
   [A]あまりに　　[B]からには　　[C]にあたって　　[D]にかけて

21. お金の心配＿＿＿＿，こんなに人数の多いツアーの世話を引き受けてくれる人がいるだろうか。
   [A]どころか　　　　　　　　　　　[B]としたら
   [C]となると　　　　　　　　　　　[D]はともかく

22. 大学を卒業し，社会人になる＿＿＿＿，心の準備は何より重要だ。
   [A]にあたって　　　　　　　　　　[B]にしたがって
   [C]にもとづいて　　　　　　　　　[D]によれば

23. 甘いものを食べ過ぎた＿＿＿＿，見る見るうちに太ってきた。
   [A]せいで　　[B]ところで　　[C]ばかりで　　[D]はずで

24. 困った＿＿＿＿，辞書を持ってくるのを忘れた。
   [A]ことが　　[B]ことで　　[C]ことに　　[D]ことを

25. 北京オリンピックのセレモニーは今までになかった盛大な儀式だった＿＿＿＿。
   [A]というところではない　　　　　[B]というものだ
   [C]といわれている　　　　　　　　[D]と違いない

三、文型

1. 次の＿＿＿の文と大体同じ意味の文はどれか。[A][B][C][D]から一番いいものを一つ選びなさい。

   例：いま，食堂はすいていますよ。
   　　[A] いま，食堂には人がすくない。
   　　[B] いま，食堂には人がすくなくない。
   　　[C] いま，食堂には人がたくさんいる。
   　　[D] いま，食堂には人がひとりもいない。

正解はAです。

(1) 私に法律を守りなさいと言うか言わないかのうちに、自分で破っている。
　　[A] 法律を守りなさいと言いかけたが、私は守らなかった。
　　[B] 法律を守りなさいと言われたのに、自分は破ってしまった。
　　[C] 法律を守りなさいと言ってすぐ、自分で反対のことをしている。
　　[D] 法律を守りなさいと言うかどうか迷っているが、私は守っていない。
(2) 社長は社員を悪く言ったばかりか、今月の給料まで取りあげようとした。
　　[A] 社長は社員の悪口を言ったすぐ後、今月の給料さえ返させようとした。
　　[B] 社長は社員の悪口を言うばかりで、今月の給料さえ出さないようにした。
　　[C] 社長は社員の悪口を言うばかりではなく、今月の給料まで出さないようにした。
　　[D] 社長は社員の悪口を言っただけではなく、今月の給料さえ返させようとした。
(3) 今はとにかく、そのうちリピーターを中心にまた観光客が増えるのではないだろうか。
　　[A] 今はよいとは言えない。これから何回もここに来る観光客が増えるだろうか。
　　[B] 今はとにかくよいし、これからは何回もここに来る観光客が中心になるはずだ。
　　[C] 今はよいとは言えない。しかし、もう少ししたら以前に来た人や、その他の客も来ると思う。
　　[D] 今はとにかくよい。もう少ししたら、以前にここに来た観光客もまた来るのだろうか。
(4) このまま大学にまっすぐ進むのが一番だ。
　　[A] 今のままにして大学に行くのがいい。
　　[B] 続いて大学に行くのがベストである。
　　[C] これからも大学に向かって進むのがいい。
　　[D] 今と同じように大学に進学するのがベストだ。

（5）結婚したとたんに，残業したくないというわけにはいかない。
　　［A］結婚してすぐに，残業をしたくないとはいえない。
　　［B］結婚したので，残業をしたくないというわけではない。
　　［C］結婚したばかりだから，残業をしたくないとはいわない。
　　［D］結婚したばかりだから，残業をしたくないというわけではない。
（6）彼が何もいわないからといって，心から賛成していると考えるのはあぶない。
　　［A］彼は何もいわないから，心から賛成しているわけがない。
　　［B］彼が何もいわないから，心から賛成していると考えてはいけない。
　　［C］彼は何もいわないから，心から賛成していると考えてもいいだろう。
　　［D］彼が何もいわないのは，心から賛成しているというわけではないからだろう。
（7）あの人はどんなに苦労をしてでも，子どもを大学に行かせてやりたいのではないだろうか。
　　［A］あの人はひどい苦労をしたが，子どもを大学生にしたいのだと私は思う。
　　［B］あの人はひどい苦労をした。でも子どもを大学にやりたいのかもしれない。
　　［C］あの人はひどい苦労をしたから，子どもを大学に行かせたいのかもしれない。
　　［D］あの人はひどい苦労をしてもいいから，子どもを大学生にしたいのだと私は思う。
（8）外見だけ見て強いあこがれの気持ちを持ったばかりに，本当の彼女の顔を見られなかった。
　　［A］外見がよければ，顔もとてもいいと思いこんでしまった。
　　［B］きれいだと思っただけで，化粧をしない彼女の顔は知らなかった。
　　［C］きれいな人なので，とてもいいと思ったが，性格はわかっていなかった。
　　［D］少し見て，とても好きになっただけで，本当は彼女の顔をよく知らなかった。
（9）私は就職活動が大変なので，彼の就職を祝うどころではない。
　　［A］私は就職活動がうまくいかないので，彼の就職を祝いたくない。

［B］私は一生懸命，就職活動をしているので，彼の就職を祝う余裕がない。
　　［C］私は就職活動を一生懸命しているから，彼の就職を祝うことを知らない。
　　［D］私は就職活動がうまくいかないので，彼の就職のお祝いをする場所を知らなかった。
(10) <u>社長によれば，「こんないいキャッチコピーは彼以外，誰にも考えられるわけがない」とのことだ。</u>
　　［A］社長は，「彼以外の誰もキャッチコピーを考えない」と言った。
　　［B］社長は，「彼だけがこんないいキャッチコピーを考えた」と言った。
　　［C］社長は，「彼以外，誰でもいいキャッチコピーが考えられる」と言った。
　　［D］社長は，「こんないいキャッチコピーを考えられるのは彼だけだ」と言った。

2．次の文を読んで，質問に答えなさい。
（1）歯磨きの習慣

　日本人の歯磨きの習慣に関する調査があります。これは2009年6月に全国に住む日本人2543人に行われたものです。この調査の結果，歯磨きの習慣がこの30年間にかなり変わったことがわかりました。

　この調査によると，朝起きてすぐ歯を磨く人より，朝食後に磨く人の方が多くなりました。昼食後に磨く人も，8倍に増えています。特に若い女性にこの傾向がよく見られます。一日に歯を磨く回数は，30年前は2回という人が一番多かったのですが，今は2回が62％とまだ多数を占めるものの，3回以上磨くという人も32％と後を次ぎ，近い将来には3回以上の人の方が多くなると思われます。

　ただ，問題は磨き方です。一日の歯磨きに要する時間は30年前と比べて多少短くなっています。もちろん，時間さえ長ければいい磨き方をしているかというわけではありませんが，少なくとも長く時間をかけている人は，歯の健康に対する意識があると言えるでしょう。

質問：日本人の歯の磨き方で，どんな人が増えて，どんな人が減ったか。正しいものを1つ選びなさい。
　［A］朝食後に磨く人が増えて，朝食前に歯を磨く人は減った。

［B］朝食後に歯を磨く人は減ったが，昼食後に磨く人は増えた。
［C］歯の健康に対する意識があって，磨き方を考えている人が増えた。
［D］30年前と比べて，若い女性で昼ご飯の後も歯を磨く人は8倍になった。

（2）北海道に行くのなら

　初めて北海道旅行をする人にお勧めしたい所は「知床(しれとこ)半島」です。ここには雄大な自然が残っていて，世界遺産にもなっています。私が3年前に行った時は，まず港で船に乗り，海から知床の山々を眺めました。山から海に直接落ちる滝もあります。その日は温泉があるホテルに泊まり，次の日はガイドさんの案内で森の中を歩きました。道にはところどころ「熊に注意」と書いてあります。昔話では熊にあった時は死んだふりをすればよいと書いてあるけれど，どうでしょう。熊には出会わないようでいて，実際に出会った人もいます。でも，ガイドさんの言うとおりに行動すれば問題ありません。森の中には小さい湖がいくつかあり，とても静かで美しく，北海道らしさを味わうことができました。昼ご飯には思いきってカニを食べました。カニは高いですから、東京ではこんなにたくさん食べられません。前の日の昼には寿司を山のように食べたし，食べ物も大満足の2日間でした。

質問：この文章の内容に合うものを[A][B][C][D]から一つ選びなさい。
　［A］山でカニを食べられるのは珍しい。
　［B］知床半島で熊に出会うことはないわけではない。
　［C］森の中を行くと，海に落ちる滝を見ることができる。
　［D］ガイドさんの言うとおりに行動すれば，熊と会うことができる。

（3）夫の料理修行

　私の夫は企業戦士として，無趣味のまま，ただ働いてきましたので，定年後は何をするか困るのではないかと思っていました。ところが，定年後すぐに会社の先輩に誘われて「男の料理教室」に通い始めました。今まで冷蔵庫を空けるのは，ビールを出す時だけでしたので驚きました。

　教室に行った次の日は復習の日です。習った料理を家でも作るのです。まず，二人で買い物に行きます。応用というものがいっさいできませんから，たとえば中国料理で香菜がない場合は，別の店にわざわざ行って，何でも指定されたものをきちんとそろえます。

　うちに帰りますと，まず私が野菜を洗ったり切ったりして，並べておきます。

その間に夫はもう一度テキストを読んで勉強します。準備ができると夫が炒めたり，煮たりします。まだ，両方はできないのです。

　まるで子どものようですが，私はがまんしております。「台所は女の城」という言葉もありますが，私はいつでも城を明け渡します。

質問：下線部「私はいつでも城を明け渡します」と言っている筆者の気持ちはどのようなものか。正しいものを１つ選びなさい。
［A］私は料理をしなくてもよい生活に入りたい。
［B］私はいつでも夫に自分の城を貸すつもりだ。
［C］私の城にいつ夫が入って来てもがまんしている。
［D］私は台所を明るい場所にして夫に入ってきてほしい。

（４）「すみません」と「どうも」

　「すみません」と「どうも」は，いろいろな場面で使うことができる。

　「すみません」は「それでは事が済まない」という意味で，謝罪する時に「ごめんなさい」の代わりに，お礼を言う時に「ありがとう」の代わりに使える。知らない人や店の人に呼びかける時にも使える。そのことを知っている人は多いが，「すみません」という言葉の品位まで知っている人は少ない。品位を知っている人はこの言葉を使わないか，またはできるだけ使う回数を少なくしていることだろう。

　「どうも」も同様だ。謝る時，お礼を言う時の他，「こんにちは」「お久しぶりです」の代わりにもなる。しかし，これは言葉の一部を言ったに過ぎない。「どうもありがとう」と言ってはじめて，本当のお礼の気持ちが表せるのである。

　　外国語を学ぶ時，言葉の品位まで知ることはなかなか難しい。でも，そこまで心がけてこそ，人間としての成長があるのではないだろうか。

質問：この文章の内容に合うものを［A］［B］［C］［D］から一つ選びなさい。
［A］「すみません」と「どうも」はいろいろな場面で使えて品位がある。
［B］外国語を使う時は，一つ一つの言葉の品位まで知らなくてはならない。
［C］「どうも」という言葉の品位を知って便利に使うことは，なかなか難しい。
［D］「すみません」と「どうも」という言葉の品位を知っている人は多くない。

（5）地下鉄銀座線

　渋谷駅にはＪＲ，私鉄（民間の鉄道会社），地下鉄が通っているが，一番高い所にホームがあるのは「地下鉄」銀座線である。銀座線の渋谷駅ホームはデパートのビル内の3階にある。ビルのお腹のあたりから出てきた電車は300ｍほど走ると地下に潜る。

　銀座線は地上からだいたい10ｍの地中を走っている。この線は日本で一番早くできた地下鉄で，まず上野と浅草の間が1927年にでき，渋谷から上野までが1939年にできた。浅い所を走っている。新しくできた地下鉄などは，東京の地中にすでに地下鉄がたくさんあるため，30ｍも下を走っているものもある。

　そのように歴史が古い地下鉄だが，[　　　　　　　　]。まず，トンネルが小さくて，電車をこれ以上大きくできない。今となっては乗客を運ぶ能力が低い。しかし，よいところもある。電車を降りると目の前が改札口という駅も珍しくなく，これなどは新しい地下鉄にはまねができないことである。

質問：この文章の[　　　　　　]に入れる言葉で一番よいものを［Ａ］　　　　［Ｂ］［Ｃ］［Ｄ］の中から1つ選びなさい。

［Ａ］現在も使われている。
［Ｂ］現在も作られつつある。
［Ｃ］現在は問題もたくさんある
［Ｄ］現在はどうしようもないものになっている。

四、記述問題
1．例のように，（　　　）の中に言葉を入れて文を作りなさい。
　　例：みなさんと（　　　）上で，イベントのテーマを（　　　）と思う。
　　　➡みなさんと（相談した）上で，イベントのテーマを（決めよう）と思う。

（1）私はクラスの代表として，（　　　）に（　　　）。
　　➡

（2）ドアを開けたら，（　　　）が（　　　）。
　　➡

（3）台風は（　　　）から（　　　　）に進んで，風も（　　　　）。
　　⇒

（4）（　　　）につれて，（　　　）。
　　⇒

（5）彼女は（　　　）はもちろん，（　　　）。
　　⇒

（6）愛が（　　　）からこそ（　　　）。
　　⇒

（7）これほど経営状態が（　　　）となると，（　　　）ということになる。
　　⇒

（8）（　　　）をもとに（　　　）のはよくない。
　　⇒

（9）試験問題は（　　　）ほど（　　　）。
　　⇒

（10）アニメは（　　　）に限らず，（　　　）。
　　⇒

2．例のように三つの言葉を使って一つの文を作りなさい。
　　例：真っ暗　　誰　　分かる
　　　⇒真っ暗で，前の人が誰だか分からない。

（1）力士　　重い　　持ち上げる
　　⇒

（2）試験　　努力　　結果
　　⇒

（3）病気　　治す　　寝る
　　⇒

（4）本　　読む　　おもしろい
　　⇒

（5）父　　親戚　　迎える
　　⇒

（6）片仮名　　平仮名　　覚える
　　⇒

（7）日本人　　歴史　　知る
　　⇒

（8）自然　　大切　　残す
　　⇒

（9）部屋　　入る　　電話
　　⇒

（10）環境問題　　重要　　課題
　　⇒

综合练习答案：
一、語彙
1. B　　2. C　　3. A　　4. D　　5. A
6. D　　7. C　　8. D　　9. A　　10. B
11. B　　12. D　　13. A　　14. D　　15. A

二、文法

1. A	2. D	3. A	4. C	5. D
6. D	7. D	8. B	9. A	10. A
11. C	12. D	13. B	14. A	15. C
16. B	17. D	18. D	19. A	20. B
21. D	22. A	23. A	24. C	25. C

三、読解

1. （1）C （2）D （3）C （4）B （5）A
　　（6）B （7）D （8）C （9）B （10）D
2. （1）A （2）B （3）A （4）D （5）C

四、記述問題

1.
（1）地域のスピーチ大会・参加した／大学の運営方針を決める会議・出た
（2）雪・降っていた／知らない人・立っていた
（3）西・東・強まってきた／東京・仙台・ひどくなった。
（4）経済の発展・今までになかった問題が出てきた／時間が経つ・ものの考え方が変わってきた
（5）英語・日本語も大変上手だ／文科の科目・理科の科目にも強い
（6）ある・別れるという場合もある／ない・簡単に別れたのだ
（7）悪い・金融危機はかなり深刻／順調・景気がずいぶんよくなった
（8）聞いてきた話・人を判断する／自分の推測・簡単に結論を出す
（9）思った・難しくなかった／彼が言う・簡単でもなかった
（10）子ども・大人も喜んで見ている／日常のこと・歴史事件についても描くことができる

2.
（1）⇒さすがに力士だけあって，あんなに重い荷物も簡単に持ち上げられる。
　　⇒彼は力士だから，重い荷物でも簡単に持ち上げることができる。
（2）⇒試験にパスしたのは努力の結果だ。
　　⇒試験でいい成績をとったのは努力の結果にほかならない。
（3）⇒病気を治すには寝るのが一番だ。

⇒薬で病気を治すより寝たほうがいい。
（4）⇒この本は読めば読むほど面白くなる。
⇒面白い本を読むのは一番楽しいことだ。
（5）⇒私は父の代わりに駅へ親戚を迎えに行った。
⇒昨日，父は親戚と一緒に私を駅まで迎えに来てくれた。
（6）⇒片仮名と平仮名とでは，どちらがおぼえやすいですか？
⇒片仮名も平仮名も覚えにくいです。
（7）⇒日本人でありながら，日本の歴史をまったく知らない。
⇒日本人でも，日本の歴史を全部知っているとは限らない。
（8）⇒美しい自然をいつまでも大切に残していきたいものだ。
⇒自然を大切に残していくのはわれわれの責任だ。
（9）⇒部屋に入ったのとほとんど同時に電話が鳴った。
⇒部屋に入ったとたん，電話が鳴った。
（10）⇒環境問題はこれから世界で最も重要な課題になるといっても過言ではない。
⇒環境問題はどの国にとっても重要な課題の一つである。

主な参考書

《标准日本语会话》（中级）　　连淑珍 辛宇峰主编　大连出版社　2007
《基础日语教程》(二、三册)　　秦明吾、张永旺、潘寿君等编　旅游教育出版社 2005
《日本概况》　　刘笑明編著　南开大学出版社　2000
《日本商务礼仪》　　[日]安田贺计著 曹建南、王金梅等译　学林出版社　2006
《日语常用表达形式用法辞典》　　赵华敏　林洪　编著　北京大学出版社　2003
《日语概说》　　皮细庚著　上海外语教育出版社　1997
《日语会话》　　江新兴、秦明吾主编　旅游教育出版社　2006
《现代实用日语》（提高篇１２）张威主编　高等教育出版社　2008
《综合日语》（第一册）　　彭广陆 守屋三千代 总主编　北京大学出版社 2004
《综合日语》（第二册）　　彭广陆 守屋三千代 总主编　北京大学出版社 2005
《初級を教える人のための　日本語文法ハンドブック》　　松岡　弘　監修
　　　　　　　　　　　　　　　　　　　　　　　　スリーエーネットワーク　2005
《中上級を教える人のための　日本語文法ハンドブック》　　白川博之　監修
　　　　　　　　　　　　　　　　　　　　　　　　スリーエーネットワーク　2005
《日本語教育のための　文法用語》　　国立国語研究所　平成13年
《日本語文型辞典》　　グループ・ジャマシイ編著　くろしお出版　1998
《使い方が分かる　類語例解辞典》　　小学館　1994